suhrkamp taschenbuch 2089

»Mein Interesse für Kunst, insbesondere für die schöne Literatur, regte sich relativ spät (bei einer Höhe von rund 1,70), aber erst ab 1,79 war es ein Drang, zwar kein unwiderstehlicher, jedoch immerhin.« So ganz nebenbei und dem Schein nach teilnahmslos sah einer der bedeutendsten deutschsprachigen Dramatiker dieses Jahrhunderts, Ödön von Horváth, auf sich selbst, den Autor dieses gedrängten, doch ungemein hellsichtigen Werkes, sensibel wie kaum eines für die Oberflächenspannungen wie die inwendigsten Tendenzen seiner Epoche.

Die Horváth-Chronik zum 50. Todestag erfaßt aus Selbstzeugnissen und Quellen alle Fakten, die in Horváths Leben als gesichert gelten können, und setzt sie in Beziehung zu den politischen und gesellschaftlichen Ereignissen der Zeit.

Horváth-Chronik
Daten zu Leben und Werk

von
Traugott Krischke

Suhrkamp

Privatfoto aus dem Jahr 1925 von einem Maskenball im Strandhotel in Murnau mit (v. l. n. r.) Lajos von Horváth, Gustl Emhardt, Ödön von Horváth, Georg Schröttle und Marianne Geiringer.

suhrkamp taschenbuch 2089
Erste Auflage 1988
© Suhrkamp Verlag Frankfurt am Main 1988
Suhrkamp Taschenbuch Verlag
Alle Rechte vorbehalten, insbesondere
das des öffentlichen Vortrags, der Übertragung
durch Rundfunk und Fernsehen
sowie der Übersetzung, auch einzelner Teile.
Satz: Hümmer, Waldbüttelbrunn
Druck: Nomos Verlagsgesellschaft, Baden-Baden
Umschlag nach Entwürfen von
Willy Fleckhaus und Rolf Staudt
Printed in Germany

1 2 3 4 5 6 – 93 92 91 90 89 88

Horváth-Chronik

1901

1. Januar: Erstes Aufgebot des Brautpaares Dr. Edmund Josef Horváth, als Sohn eines Hauptmanns am 6. 6. 1874 in Vukovar (Kroatien) geboren, »Ministerial-Concepts-Adjunkt« am »Kön. ung. Goubernium« in Fiume, und der Oberstabsarzttochter Maria Hermine Prehnal, geboren am 18. 11. 1882 in Broos (Siebenbürgen), wohnhaft in Fehértemplom (Weißkirchen) (Dok HF).

6. Januar: Zweites Aufgebot in Fehértemplom.

10. Januar: Drittes Aufgebot.

26. Februar: Standesamtliche und kirchliche Trauung von Dr. Edmund Horváth und Maria Prehnal in Fehértemplom. Trauzeugen sind Ignatius Fleischer und Dr. Joseph Prehnal, der Vater der Braut (Dok HF).

9. Dezember: »Nachmittags um dreiviertelfünf (nach einer anderen Überlieferung um halbfünf«) wird das erste Kind des Ehepaares Horváth in Susak, dem oberhalb Fiumes gelegenen Vorort, geboren (GW 11,182).

23. Dezember: Der Geistliche K. Loncaric tauft das Kind auf den Namen Edmund Josip (Josef). Taufpaten sind der Onkel des Kindes Josef Prehnal und dessen Mutter Maria Prehnal (Dd 16f.).

1901: Der Roman *A szelistyei arszonyok* (dt.: Die Frauen von Szelistye) von Kálmán Mikszáth, den Horváth 1936 dramatisiert, erscheint in Budapest.

1903

14. Januar: Gustl Emhardt, die spätere Frau Lajos von Horváths und Freundin Ödön von Horváths, wird in München
geboren.

Ende Mai (?): Die Familie Horváth übersiedelt nach Belgrad
und bezieht eine Wohnung in der König-Milan-Straße gegenüber dem Konak, dem serbischen Königsschloß (B LvH).

9. Juni: Dr. Edmund Horváth wird durch den ungarischen
Gesandten im Konak von Belgrad offiziell König Alexander
I. von Serbien vorgestellt (EdH).

10. Juni: Sängerfest in Belgrad. Horváths Vater schreibt
später: »Tausende von Sängern waren [...] aus allen südslawischen Ländern [...] zusammengeströmt. Über dem bunten Treiben aber lag eine gedrückte Stimmung, die das
Kommen großer Ereignisse voraussehen ließ. [...] Und als
abends die Sängerschar zum Schlosse zog, um dem Königspaar eine Serenade darzubringen, lag der Bau in völliger
Dunkelheit. Das Königspaar erscheint nicht auf dem Balkon«
(EdH).

11. Juni: Gegen 1 Uhr nachts dringt eine Gruppe von Offizie-
ren in den Konak ein, sie zerren König Alexander I. und seine
Gattin Draga Mašin aus den Betten, schießen und stechen
beide nieder und werfen die entstellten Leichen dann aus dem
Fenster. »Ich wurde beim ersten Schuß wach«, berichtet Horváths Vater. »Als ich auf den Balkon trat, wurde ein Schuß auf
mich abgegeben. Man wollte alle Zuschauer fernhalten. Um
zweieinhalb Uhr betrat ich die Straße, meldete mich beim
Kordonoffizier und durfte passieren. So wurde ich Augen-
zeuge, als die zum Fenster hinausgeworfenen Leichen auf

Befehl der Verschwörer wieder ins Palais zurückgeschafft
wurden. Drinnen sah ich ein schreckliches Durcheinander
und eine sinnlose Zerstörung. [...] Man nannte diese Revolution eine unblutige und verschwieg, daß dabei 67 Menschen
ihr Leben eingebüßt hatten« (EdH).

15. Juni: Peter Karadjordjević wird zum König von Serbien
gewählt.

24. Juni: König Peter I. von Serbien hält Einzug in Belgrad.

6. Juli: Der zweite Sohn des Ehepaars Horváth – Lajos – wird
in Belgrad geboren.

1904

21. September: Peter I. wird zum König von Serbien gekrönt.

9. Oktober: In Belgrad wird Peter I. durch den Metropoliten (Erzbischof) gesalbt.

1905

In Philipp Reclams Universalbibliothek, Stuttgart, erscheint
als Nr. 4412 der Roman *Szelistye, das Dorf ohne Männer* von
Kálmán Mikszáth in der »autorisierte[n] Übersetzung« von
Camilla Goldener; diese Ausgabe verwendet Horváth 1936
für sein Bühnenstück *Ein Dorf ohne Männer.*

1907

25. Juli: Während der Ferien in Döbriach in Kärnten entsteht ein Foto, das die Familie Horváth in einem Ruderboot zeigt (Dd 35).

1908

Das *Hof- und Staats-Handbuch der Österreichisch-Ungarischen Monarchie für das Jahr 1908* führt Dr. Edmund Horváth als Richter am »Königl. ungar. Verwaltungs-Gerichtshof« und als »Fachberichterstatter des königl. ungar. Handels-Ministeriums im Auslande für Serbien mit dem Sitze in Belgrad« an.

Im Lauf des Jahres übersiedelt die Familie Horváth nach Budapest. Durch einen Hauslehrer erhält Ödön seinen ersten Unterricht in ungarischer Sprache.

16. November: Zum Namenstag wünscht der sechsjährige Ödön seinem Vater: »Áldja meg az Isten minden jóval! Adjon sok örömet, egészéget, boldogságot. Isten éltesse sokáig!« (Gott segne Sie mit allem Guten! Er gebe Ihnen viel Freude, Gesundheit, Glück. Gott lasse Sie lange leben!) (HB 1,101 f.).

22. November: In Budapest gründen freidenkende, sozial und progressiv empfindende Studenten den Galilei-Kreis.

1909

23. April: Wera Liessem, Horváths spätere Freundin, wird in Hamburg-Altona geboren.

8. Mai: Der »Ministerialhilfssekretär« Dr. Edmund Horváth wird in den Adelsstand erhoben (Dok Pr).

19. Juni: Für das 2. Halbjahr des Schuljahres 1908/09 legt der Volksschüler Horváth eine »Privatprüfung« ab (D b 18 f./D d 26 f.).

17. August: Die »k. u. k. oesterreichisch-ungarische Gesandt-schaft« in München bestätigt, daß »der Ministerialvicesekre-tär Edmund Horváth als Fachberichterstatter des K.Ungari-schen Handelsministeriums in München bestellt ist. Nach einer früheren Mitteilung der gen. Gesandtschaft vom 20. April 1900 sind diese Fachberichterstatter nicht den K. u. K. Missionen oder Konsulaten zugeteilt, und haben nicht den Charakter von diplomatischen oder Konsulats-funktionären« (Dok Pr).

Herbst: Dr. Edmund von Horváth wird nach München ver-setzt; die Wohnung der Familie Horváth ist (bis 1913) Prinz-regentenstraße 24 (B LvH).

1911

Herbst: Horváth besucht als Privatschüler die 1. Klasse des Rákóczy-Gymnasiums in Budapest (B LvH).

21. November: Anläßlich des 100. Todestages Heinrich von Kleists wird in Berlin, angeregt durch den Regisseur Erich Engel, der Kleistpreis zur Förderung junger Autoren gestiftet.

1912

Herbst: Horváth besucht die 2. Klasse des Rácóczy-Gymnasiums in Budapest (B LvH).

1913

Das *Hof- und Staats-Handbuch der Österreichisch-Ungarischen Monarchie für das Jahr 1913* nennt Dr. Edmund von Horváth als »Fachberichterstatter des königl.-ungar. Handels-Ministeriums im Auslande« für den »südlichen Teil des Deutschen Reiches (ohne Sachsen), mit dem Sitze in München«.

1. Februar: Für »vorzügliche Leistungen im Hochsprung beim Faschingsturnen« in München erhält Horváth ein Diplom (D b 27).

25. März: Im Hotel Klomser in der Wiener Innenstadt begeht Oberst Redl, Leiter des Nachrichtendienstes der k. u. k. Armee, Selbstmord. Redls als »stumpfsinnig« bezeichneter Offiziersbursche heißt Josef Sladek. Diesen Namen gibt Horváth 1928 seinem »schwarzen Reichswehrmann«.

Juli: Eine Zeichnung *Vallensteins Lager* entsteht, von Ödön mit »Edmund von Horváth« signiert (D d 38).

Sommer: Horváth erkrankt und wird zu seinen Eltern nach München geholt (B LvH).

Herbst: Die Familie Horváth zieht in München (bis Anfang 1918) in die Widenmayerstraße 43 an der Isar. – Horváth tritt in die 3. Klasse, Abteilung B, des K. Wilhelms-Gymnasiums in der Thierschstraße 46 in München ein (D d 42).

Winter: Beim Schlittschuhlaufen auf dem Großhesseloher See in München lernt Horváth die 11jährige Gustl Emhardt kennen (HB 1,65).

1914

27. April: Das »K. Rektorat des Wilhelms-Gymnasiums« in München übermittelt dem »K. Bayer. Reichs-Heroldenamt« ein »Verzeichnis der im Schuljahr 1913/14 neuzugegangenen mit Adelsprädikaten vorgetragenen Schüler«, unter denen auch »Ludwig von Horváth« in der Klasse 1 A und »Edmund von Horváth« in der Klasse 3 B angeführt sind; Dr. Edmund von Horváth ist zu diesem Zeitpunkt Handelsattaché der Österreichischen Botschaft in München (D d 42).

2. Juni: Die »K. B. Central-Impf-Anstalt München« bestätigt, daß »Horváth Eduard geboren den 9. Dezember 1901 [...] am 25. Mai 1914 zum ersten Male mit Erfolg wieder geimpft« wurde (HF).

28. Juni: Der österreichische Thronfolger Erzherzog Franz Ferdinand d'Este und dessen Gattin, die Erzherzogin von Hohenberg, fallen in Sarajewo einem Attentat zum Opfer.

14. Juli: Im Zeugnis für das Schuljahr 1913/14 wird Horváth bescheinigt, er beherrsche »die deutsche Sprache soweit, daß er im Unterrichte zu folgen vermochte und in den meisten Fächern bei anerkennenswertem Fleiße genügende Fortschritte erzielte. Im Deutschen freilich, wo seine Kenntnisse in Grammatik und Orthographie noch unsicher sind, stehen seine Leistungen an der Grenze des Genügens, in Latein vollends vermochte er nicht mehr zu genügen. Sein Betragen war lobenswert«. Von den vier Notenstufen (sehr gut, gut, genügend, ungenügend) erhält Horváth in Geographie, Naturkunde, Zeichnen und Turnen ein Gut, in Religion, Deutsch, Arithmetik und Geschichte ein Genügend und ein Ungenügend in Latein (D d 42).

23. Juli: Österreich-Ungarn stellt Serbien ein Ultimatum.

28. Juli: Österreich-Ungarn erklärt Serbien den Krieg.

31. Juli: Aufgrund der allgemeinen Mobilmachung in Österreich-Ungarn wird auch Dr. Edmund von Horváth einberufen und rückt als Reserveleutnant des k. u. k. 101 Infanterieregiments ein, das in Serbien stationiert ist (B LvH).

Herbst: Wegen schlechter Leistungen in Latein wechselt Horváth vom K. Wilhelms-Gymnasium in das Realgymnasium in der Klenzestraße (B LvH).

1915

Dr. Edmund von Horváth wird von der Front abberufen und kommt in ein Kriegsgefangenenlager in Thalerhof bei Graz als Dolmetscher.

  Noch im selben Jahr wird er als Attaché an der Ungarischen Gesandtschaft in München tätig (B LvH).

1916

Luci in Macbeth, die »Zwerggeschichte von Ed. von Horváth«, entsteht (D d 93 ff.).

Herbst: Horváth wird nach Preßburg (Bratislava) geschickt
und besucht dort die 5. Klasse der Staatl. Oberrealschule. Er
wohnt bei seinem Lehrer für Latein und Französisch in der
Dussilgasse. Kleine Skizzen entstehen (Kr 11 f.).

1917

29. Mai: Horváth schließt das 5. Schuljahr mit einem Gut in Deutsch, einem Sehr gut in Latein und Französisch und einem Befriedigend in Ungarisch ab. Sein Betragen wird mit »jo«, mit Gut, beurteilt (Dok Pr).

1918

Januar: Der pazifistische Galilei-Kreis in Budapest wird verboten, und zahlreiche Mitglieder werden vor ein Kriegsge-
richt gestellt.

14. Januar: Der letzte Außenminister des Königreichs Bayern, Otto Ritter von Dandl, richtet an den »K. ungarischen
Sektionsrat Dr. Edmund von Horváth«, der »schon in den
nächsten Tagen München verlassen« wird, »um in Budapest
eine ehrenvolle Stellung anzutreten«, ein Schreiben. »Bei diesem Anlasse möchte ich nicht verfehlen, auch des freundlichen Interesses, das Sie stets den bayerischen Dingen entge-
gengebracht haben, dankbar zu gedenken« (Dok Pr).

18. Januar: Der Oberbürgermeister von München, Wilhelm
Georg von Borscht, dankt Dr. von Horváth in einem Schreiben für alles, »was Sie in vielen Beweisen Ihres persönlichen
Wohlwollens und tatkräftiger Unterstützung dem Gemein-
wesen unserer Bürgerschaft Gutes und Ersprießliches gelei-
stet haben« (Dok Pr).

Mai: Horváth schließt das 6. Schuljahr in Preßburg mit »ge-
nügendem« Ergebnis ab (Kr 11).

Sommer: In München wird der Oberrealschüler Ödön von
Horváth, wohnhaft in der Mauerkircherstraße 8, Mitglied des
D.Ö.A.V. (Deutscher und Österreichischer Alpenverein)
(HB 2,107).

September: Der ›Galilei-Prozeß‹ in Budapest endet mit hohen Freiheitsstrafen gegen zwei Hauptangeklagte.

29. Oktober: Die südslawischen Gebiete der Österreichisch-Ungarischen Monarchie vereinigen sich mit Serbien zum neuen Königreich Jugoslawien.

30. Oktober: In Budapest bricht die »Herbstrosenrevolution« aus, so genannt, weil die Soldaten statt Kokarden Blumen auf den Mützen tragen.

7./8. November: Revolution in München und Ausrufung des Freistaates Bayern.

12. November: In Wien wird die Republik Deutsch-Österreich ausgerufen.

21. November: Unter der Führung von Béla Kun wird in Ungarn eine Kommunistische Partei gegründet.

1919

11. Januar: Michael Graf Károly wird zum Präsidenten der ungarischen Republik gewählt.

27. Januar: In Budapest stirbt der 31jährige revolutionäre Dichter Endre Ady, für dessen Gedichte sich der junge Horváth begeisterte (B LvH).

7. März: In München wird die Räterepublik ausgerufen.

21. März: In Budapest rufen die Kommunisten unter Béla Kun die Diktatur des Proletariats aus.

   Lajos von Horváth erinnerte sich, daß der Vater »als hoher Beamter« sich in einer Art Zimmerarrest im Hotel Pannonia befand, während zwei Rotgardisten vor dem Zimmer Wache standen.

2. April: Einführung der Räteverfassung in Budapest. Die Familie Horváth verläßt Budapest und bleibt einige Tage in Wien (B LvH).

5. Mai: In Arad bildet sich unter Graf Károly eine ungarische Gegenregierung.

26. Mai: Ödön von Horváth ist in Wien I., Rathausstraße 17/6, gemeldet. Die Eltern Horváth wollen die weitere Entwicklung an der deutsch-österreichischen Grenze abwarten. Sie wohnen in einer kleinen Pension in Bad Reichenhall (D b 136/B LvH).

Juni: In Szegedin organisiert Admiral Horthy eine gegenrevolutionäre Nationalarmee.

28. Juni: In Versailles wird der Friedensvertrag unterzeichnet.

Sommer: Ausgestattet mit einem Zeugnis des Budapester »Volkskommissariats« besucht Horváth in Wien die 8. Klasse im »Konzessionierten Institut Vrtel«, einem privaten Realgymnasium in der Habsburgergasse in der Wiener Innenstadt. Während dieser Zeit wohnt er bei seinem Onkel Josef Prehnal in der Piaristengasse 62 im 8. Bezirk, unweit der Langen Gasse, jener »stillen Straße im 8. Bezirk«, dem Schauplatz einiger Szenen in den *Geschichten aus dem Wiener Wald* (B LvH).

  Nach der Matura (Abitur) zieht Horváth nach München zu seinen Eltern, die inzwischen in der Pension Doering, Ludwigstraße 17 b eine Bleibe gefunden haben (B LvH).

1. August: Béla Kun flieht ins Ausland.

4. August: Rumänische Truppen besetzen Budapest.

Oktober: In Budapest kann der Galilei-Kreis seine Arbeit wieder aufnehmen.

13. Oktober: Horváth immatrikuliert das Wintersemester 1919/20 an der Ludwig-Maximilian-Universität in München und belegt folgende Vorlesungen bzw. Übungen: Ernst von Aster: Psychologie (4 Wochenstunden); Arthur Kutscher: Die klassische Periode unserer deutschen Literatur: Goethe und Schiller (4); Grundsätze literarischer Kritik und deutscher Stilkunde (2); Übungen über das deutsche Theater und Drama der jüngsten Zeit an Hand des Spielplans unserer Bühnen (2); Friedrich von der Leyen: Das Märchen, besonders das deutsche (2); Ibsen – Björnson – Strindberg (1); Franz Muncker: Geschichte der deutschen Literatur im 18. Jahrhundert vom Auftreten Klopstocks bis zum Tode Lessings (4); Goethes Faust (1); Roman Woerner: Stilistik und Ästhetik der deutschen Prosa (2). – Ödön von Horváth, der sich Edmund von Horváth nennt, unterliegt als ungarischer Staatsbürger der »ganzen Honorarpflicht« und zahlt 89 Mark (D b 37).

14. November: Die rumänischen Truppen räumen Budapest.

Vermutliche Entstehungszeit des Gedichtes *Glück,* das Horváth seiner Freundin Gustl Emhardt widmet (HB 1,53 ff.).

1920

10. Januar: Der Versailler Vertrag tritt in Kraft.

30. Januar: In Ungarn bringen die Wahlen zur Nationalversammlung eine überwältigende Mehrheit für die gegenrevolutionären Parteien.

1. März: Die ungarische Nationalversammlung wählt Admiral Horthy zum Reichsverweser Ungarns. Dr. von Horváth wird zum Regierungsvertreter für Bayern, Baden und Württemberg ernannt (B LvH).

18. März: Aus München kommend, meldet sich Horváth in der Pension Zipser, Wien 8., Lange Gasse 49/6 an (und bleibt dort bis zum 22. 6.) (Db 136).

Frühjahr: Im Sommersemester hat Horváth an der Münchner Universität folgende Vorlesungen bzw. Übungen belegt: Ernst von Aster: Allgemeine Geschichte der Philosophie (5 Wochenstunden); Clemens Baeumker: Psychologie (4); Hans Heinrich Borcherdt: Gerhart Hauptmann und die literarischen Probleme seiner Zeit (1); Arthur Kutscher: Allgemeine Theatergeschichte der Renaissance bis zum 19. Jahrhundert (2); Friedrich von der Leyen: Deutsche Dichtung der Gegenwart (1); Roman Woerner: Goethe (2). Die zwei Wochenstunden »Das deutsche Drama und Theater unserer Zeit« bei Arthur Kutscher wurden wieder gestrichen. Zu der Honorarpflicht von 70 Mark zahlt Horváth einen Zuschlag von 100%. Als Adresse gibt er wieder die Pension Doering, Leopoldstraße 17b, an (Db 37).

4. Juni: Zwischen Ungarn und den Siegermächten wird im Palais Trianon in Versailles der Friedensvertrag unterzeich-

net. Ungarn büßt 71% seines Territoriums ein; die Einwoh-
nerzahl vermindert sich dadurch von 80 auf 8 Millionen.

22. Juni: Horváth meldet sich von Wien (Pension Zipser, 8.,
Lange Gasse 49/6) nach München ab (D b 136).

14. Juli: Ödön und Lajos von Horváth machen eine Bergtour
und schreiben von der Höllentalhütte eine Ansichtskarte mit
»Blick auf die Zugspitze und Riffelspitzen« an die Eltern, die
sich in Murnau im Hotel Fröhler aufhalten (HB 1,102).

17. Juli: Horváth trägt sich in das ›Hüttenbuch für die Unter-
standsstelle in der Äußeren Höllentalspitze‹ ein. Die Tour
führt ihn von der Knorrhütte (2052 m) über einen versicherten
Steig zur Inneren Höllentalspitze (2745 m) und zur Äußeren
Höllentalspitze (2722 m); östlich davon die Höllentalgrat-
hütte (2710 m), wo sich Horváth ins Hüttenbuch einträgt.
Über den ›Jubiläumsgrat‹ geht es weiter zur Vollkarspitze,
Hochblassen (2696 m), Alpspitze (2696 m) und Kreuzeck
(1652 m) (HB 2,110).

5. August: Der Reichstag verabschiedet ein Gesetz über die
Entwaffnung der Bevölkerung. Diese Tatsache behandelt
Horváth später in seinem *Sladek.*

27. August: Auf einem ›Wohltätigkeits-Abend mit Tanzre-
union‹ in Murnau für ein Denkmal des Heimatdichters Franz
Wisbacher erhält das »Münchner Paar den Ehrenpreis, Frl.
Emhardt und Herr v. Horvath«, berichtet das ›Murnauer
Tagblatt‹.

2. September: Uraufführung von Bert Brechts *Trommeln in
der Nacht* in den Münchner Kammerspielen.

Herbst: Im Wintersemester 1920/21 belegt Horváth an der
Münchner Universität folgende Vorlesungen bzw. Übungen:

Arthur Kutscher: Repetitorium der gesamten deutschen Literatur (1); Übungen in praktischer Theaterkritik (2); Hans Meyer: Schopenhauer, Nietzsche und Leo Tolstoi (1); Franz Muncker: Richard Wagners Schriften und Dichtungen (1). Horváth zahlt zu den 41 Mark Honorarpflicht einen hundertprozentigen Zuschlag (D b 37).

Ende des Jahres (?): Horváth lernt in München den Komponisten Siegfried Kallenberg kennen, der ihn auffordert, eine Pantomime für ihn zu schreiben. In der Folgezeit entstehen *Das Buch der Tänze, Das Buch der frühen Weisen, Abenteuer im lila Molch* und etliche Verse.

1921

In München wohnt die Familie Horváth jetzt (bis 1923) in der Türkenstraße 98.

Frühjahr: Im Sommersemester belegt Horváth (er nennt sich Edmund Josef M. von Horváth) an der Münchner Universität folgende Vorlesungen bzw. Übungen:

Clemens Baeumker: Metaphysik (4 Wochenstunden); Dr. Fischer: Ästhetik (4); Hans Gerathewohl: Rhetorisches Praktikum (1); Übungen im Vortrag deutscher Dichtungen (1); Carl von Kraus: Mittelhochdeutsche Übungen für Anfänger (2); Arthur Kutscher: Das deutsche Drama unserer Zeit (1); Praktische Übungen literarischer Kritik über Dichtungen epischen Stils (2); Dr. von Notthaft: Die Bekämpfung der Prostitution (1); Heinrich Wölfflin: Die Kunst der italienischen Renaissance (4). Horváth zahlt zu den 162 Mark einen hundertprozentigen Zuschlag.

Als Adresse gibt er auf dem Belegbogen die Pension Doering, Leopoldstraße 17 b an (D d 55).

12. Juli: In der »Kur- und Fremdenliste des Marktes Murnau am Staffelsee« des ›Staffelsee-Boten‹ ist die Familie Horváth als Gast im Hotel Schönblick angeführt.

25. Juli: Von einer »sehr wohlgelungenen Tour« im Wettersteingebiet schickt Horváth von der Coburger Hütte aus Grüße an seine Eltern in Murnau (HB 1,102).

26. Juli: Der Vertrag von Trianon (vom 4. 6. 1920) tritt in Kraft. Binnen eines Jahres müssen alle Ungarn, die außerhalb des Staatsgebietes leben, für Ungarn optieren bzw. die Aufrechterhaltung der ungarischen Staatsbürgerschaft beantragen. Im Ausland lebende Ungarn verlieren ihre Staatsbürgerschaft, wenn diese nicht alle zehn Jahre erneuert wird.

Herbst: Für das Wintersemester 1921/22 belegt Horváth wieder Vorlesungen und Übungen an der Münchner Universität. (Die Belegbücher dieses Halbjahres sind durch Kriegseinwirkung verbrannt.) (Db 37)

Horváth wohnt jetzt in einem Untermietzimmer im Haus Arcisstraße 50 in Schwabing (MM).

1922

2. Februar: Horváth schenkt seiner 71 jährigen Großmutter
Maria Prehnal ein Exemplar des Bändchens *Das Buch der
Tänze,* das im Münchner El Schahin Verlag erschienen ist
(Pr).

7. Februar: »Erster Abend des Kallenberg-Vereins« im Stei-
nickesaal in München, Adalbertstr. 15. Im Programm stehen
von Ödön J. M. von Horváth *Ballade, Sonate, Nocturno* und
Requiem aus dem *Buch der frühen Weisen,* gesprochen von
Annie Marée, am Klavier: Ludwig Fischer-Schwaner. Nach
der Pause folgt *Das Buch der Tänze (Märchen, Das Teehaus-
mädchen, Pestballade, Harem, Asket, Die Perle, Groteske,
Episode in China),* in Musik gesetzt von Siegfried Kallenberg,
gesprochen von Annie Marée, am Klavier: Ludwig Fischer-
Schwaner (D d 59).

10. Februar: In der ›München-Augsburger Abendzeitung‹ erscheint die erste Kritik über ein Werk Horváths, über das
Buch der Tänze. Darin heißt es: »Daß aber Kallenberg als
Komponist einen Oedoen von Horvath ins Schlepptau nehmen konnte, daß sich für dessen ›Poeterei‹ sogar ein hiesiger
angesehener Verlag fand, dürfte wohl bei allen Leuten, die
noch einigermaßen guten Geschmack für Dichtkunst haben,
ein Schütteln des Kopfes erregen.«

25. Februar: Exmatrikulation Horváths mit dem Vermerk
»Zeugnisse hinaus, Akt aufgel.[assen]«.

26. Juni: Friedrich Ebert erläßt die »Notverordnung zum
Schutz der Republik«, die das Verbot republikfeindlicher
Vereinigungen, Veranstaltungen und Druckschriften ermög-
licht. Mit lebenslänglichem Zuchthaus oder mit der Todes-

strafe wird die Zugehörigkeit zu Femeorganisationen geahndet. Zur Aburteilung republikfeindlicher Straftaten wird die Errichtung eines Staatsgerichtshofes verfügt. Diese Notverordnung wird von Horváth in seinen Werken mehrfach erwähnt.

25. Juli: Der »Kur- und Fremdenliste« des ›Staffelsee-Boten‹ nach wohnt die Familie Horváth in Murnau im Haus Nummer 260 beim Bürgermeister Jakob Utzschneider, wo sie ein Stockwerk als Sommerwohnung gemietet haben.

2. August: Die Inflation in Deutschland nimmt beängstigende Ausmaße an.

9. Dezember: Horváth wird großjährig.

Übersetzt von Ludwig Gurlitt, erscheinen als 18. Band in der Reihe *Klassiker des Altertums* im Propyläen-Verlag, Berlin, *Die Komödien des Plautus,* jene Ausgabe, die Horváth 1936 für seine Komödie *Sklavenball* benutzt.

1923

11. Januar: Besetzung des Ruhrgebietes durch französische und belgische Truppen. Die Regierung Cuno ruft zum »passiven Widerstand« auf. Horváth erwähnt das in seinem *Sladek.*

März: Unter Leitung von Robert Cecil Lord of Chelwood setzt der Völkerbund eine achtköpfige Kommission zur Bekämpfung des Mädchenhandels ein, die vier Jahre lang 28 europäische und amerikanische Länder bereist, um den Mädchenhandel und die soziale Lage der Frauen in den verschiedenen Gebieten zu untersuchen. Sowohl in *Rund um den Kongreß* als auch in den Vorarbeiten zu *Geschichten aus dem Wiener Wald* befaßt Horváth sich mit dieser umstrittenen Kommission.

15. Mai: Siegfried Kallenberg komponiert »Zwei Lieder für Sopran und Klavier« nach »Dichtungen von O. v. Horváth«, *Schlaf meine kleine Braut* und *Sehnsucht* (HB 1,99).

18. August: Vor dem Feriensenat des Reichsgerichts wird unter Ausschluß der Öffentlichkeit gegen den Journalisten Walter Oehme verhandelt, dem mutmaßlichen Vorbild des Journalisten Schminke in Horváths *Sladek.* Oehme wird wegen »versuchten Verrats von militärischen Geheimnissen in Tateinheit mit versuchtem Landesverrat« zu einem Jahr Gefängnis verurteilt (WB 23,447 f.).

Herbst: Die Familie Horváth zieht in München von der Türkenstraße 98 in die Martiusstraße 4 (bis 1926) (MM).

1. Oktober: Putschversuch der ›Schwarzen Reichswehr‹ in Küstrin. Horváth behandelt ihn später in seinem *Sladek.*

9. November: Putschversuch Hitlers in München.

11. November: Hitler wird verhaftet.

15. November: Beendigung der Inflation durch Einführung der sog. Rentenmark.

Der Österreicher Richard Nicolas Graf von Coudenhove-Kalergi gründet in Wien die Paneuropa-Union, die eine Vereinigung aller europäischen Staaten auf wirtschaftlicher und politischer Ebene anstrebt. Die Paneuropa-Bewegung findet in Horváths Werken, vor allem im *Ewigen Spießer*, mehrfach Erwähnung.

1924

14. Januar: Gustl Emhardt wird großjährig.

1. Februar: Carl Sternheims Lustspiel *Der Nebbich* wird bei seiner Uraufführung an den Hamburger Kammerspielen ein Publikumserfolg. Charakterzüge des Fritz Tritz, des »stumpfsinnigen Prototyps des Spießbürgers«, finden sich auch in Horváths Figur Alfons Kobler, dem *Ewigen Spießer*, wieder.

7. März: Baubeginn des Hauses in Murnau am Staffelsee auf einem Grundstück in der Bahnhofstraße, das der Ministerialrat Dr. Edmund von Horváth erworben hat. Nach Fertigstellung des Hauses zieht die Familie (vor allem für die Sommermonate) nach Murnau. Der Vater bleibt in der Münchner Wohnung Martiusstraße 4 (bis 1925).

23. März: Siegfried Kallenberg komponiert die Musik zu Horváths *Ständchen* (HB 1,99).

26. März: III. Literarisch-musikalischer Abend der Kallenberg-Gesellschaft in der Münchener Edel-Messe. Im II. Teil des Abends spielt der Komponist Siegfried Kallenberg eine *Phantasie für Klavier nach einer Dichtung von Ö. v. Horváth*. Max E. Stury trägt Horváths *Geschichte einer kleinen Liebe* vor und Fanny Beiser singt, am Flügel begleitet von Siegfried Kallenberg, Horváths *Schlaf meine kleine Braut* und das *Ständchen* (D b 38).

29. März: Das Konkordat zwischen Vatikan und Bayern wird unterzeichnet.

6. Juni: Dr. Edmund von Horváth wird 50 Jahre alt.

23. Juni: Fritz Haarmann, seit 1918 Spitzel in Polizeidiensten und seit 1923 Inhaber eines Detektivbüros, wird in Hannover verhaftet und gesteht, 24 junge Männer umgebracht zu haben. Der »Massenlustmörder« wird in Horváths *Sladek* erwähnt.

6. Juli: Horváths Bruder Lajos wird großjährig.

September: Horváth widmet in Murnau seiner Freundin Felizia Seyd ein handschriftliches »Exemplar auf ff. Bütten, in Leder gebunden, und vom Autor signiert« seiner *Sportmärchen.* Auf das Widmungsblatt schreibt er: »Legende vom Fussballplatz und diejenigen meiner Sportmärchen, die wie ich glaube meinem Lizulein am meisten zusagen werden von all denen die ich für sie schrieb« (HB 2,68).

22. September: In der Münchner satirischen Zeitschrift ›Simplicissimus‹ erscheint von Horváth *Der Faustkampf, das Harfenkonzert und die Meinung des lieben Gottes* aus den *Sportmärchen.*

13. Oktober: Der ›Simplicissimus‹ druckt *Vom artigen und unartigen Ringkämpfer* aus den *Sportmärchen* ab.

21. November: Die ›BZ am Mittag‹ druckt *Drei Sportmärchen* von Horváth: *Was ist das?, Start und Ziel* und *Vom artigen Ringkämpfer.*

19. Dezember: Der Mörder Fritz Haarmann wird zum Tod verurteilt und hingerichtet.

1925

25. Januar: Das bayerische Konkordat (vom 29. 3. 1924) wird vom bayerischen Landtag verabschiedet. In Artikel 5, § 1 heißt es: »Der Unterricht und die Erziehung der Kinder an der katholischen Volksschule wird nur solchen Lehrkräften anvertraut werden, die geeignet und bereit sind, in verlässiger Weise in der katholischen Religionslehre zu unterrichten und im Geiste des katholischen Glaubens zu erziehen«. Dieses Konkordat findet in Horváths Werken mehrfach Erwähnung.

31. März: Im Deutschen Theater in Berlin wird Carl Sternheims Drama *Oskar Wilde* uraufgeführt; Gedankengänge daraus tauchen in Horváths Roman *Sechsunddreißig Stunden* wieder auf.

20. April: Im Münchner ›Simplicissimus‹ erscheint Horváths *Legende vom Fußballplatz* aus seinen *Sportmärchen.*

Mai: In Ehrwald in Tirol wird mit dem Bau einer Seilschwebebahn zur Zugspitze begonnen, der im Mittelpunkt von Horváths *Revolte auf Côte 3018* steht.

8. Juli: Horváths Großmutter feiert ihren 75. Geburtstag.

25. Juli: Wie der ›Staffelsee-Bote‹ verzeichnet, hat der Markt Murnau am Staffelsee 687 Haushaltungen mit insgesamt 2977 Einwohnern.

8. September: Für den Bau der Zugspitzbahn wird eine Hilfsseilbahn bis zur Bergstation auf dem Zugspitzkamm in Betrieb genommen.

18. September: Der Parteitag der SPD in Heidelberg verabschiedet ein Aktionsprogramm, in dem die »Anarchie der kapitalistischen Produktionsweise« als Ursache für Krisenzeiten, die jedem wirtschaftlichen Aufschwung folgen, bezeichnet wird. Eine Formulierung, die Horváth in vielen seiner Stücke aufgreift und verwendet.

November: Die Stützen 1 bis 5 von insgesamt 6 Stützen auf der 3360 Meter langen Strecke der Tiroler Zugspitzbahn sind fertiggestellt.

1926

Von der Martiusstraße 4 in München zieht die Familie Horváth (bis 1929) in die Bayerstraße 31 (MM).

Januar: Die 6. und letzte Stütze der Zugspitzbahn, etwa 30 Meter unterhalb der Bergstation, ist fertiggestellt.

19. Februar: Am Städtischen Theater in Osnabrück findet in einer Matinée-Veranstaltung die Uraufführung von Horváths *Das Buch der Tänze* mit der Musik von Siegfried Kallenberg statt. Die Zwischentexte spricht Helmuth Arendt, die musikalische Leitung hat Hermann Flohr. Für den Tänzer Günter Hess hatte *Das Buch der Tänze* »den Wert der Einmaligkeit [. . .], weil dieser anfängliche und sehr moderne Stil eigentlich richtunggebend für mich wurde und sich in seiner Ausdrucks- und Formsubstanz nicht wesentlich verändert, sondern eben nur sublimiert und technisch vollkommener wurde« (GW 11,264). Eingeleitet wurde der Abend mit der Inszenierung von Georg Kaisers Einakter *Juana*, inszeniert von Oscar Fritz Schuh.

Nach der Uraufführung kauft Horváth die gesamte Restauflage des Buches mit Hilfe seines Vaters auf, um sie zu vernichten, entfernt Exemplare des Buches aus öffentlichen Bibliotheken und wendet sich an ihm bekannte Besitzer des Buches, um dessen Rückgabe zu erwirken (B LvH).

26. Februar: Silberne Hochzeit der Eltern Horváths.

1. Mai: Der ›Staffelsee-Bote‹ meldet, daß die Zugspitzbahn »am 14. Juni feierlich eröffnet werden« soll und »neuerdings Differenzen zwischen den Arbeitern und der Firma ausgebrochen [sind], die eine Unterbrechung der Arbeiten bei der Zugspitzbahn befürchten lassen«.

8. Mai: In Düsseldorf wird die ›Große Ausstellung Gesundheitspflege, Soziale Fürsorge, Leibesübungen‹, GESOLEI, eröffnet; sie findet Erwähnung in Horváths *Ewigem Spießer.*

5. Juli: Die Seilschwebebahn von Ehrwald (Tirol) auf die Zugspitze wird eingeweiht.

21.–25. August: Der (65.) Katholikentag findet in Breslau statt. Die Themen sind u. a. »Christus und Familie«, »Herrschaft der christlichen Grundsätze im Wirtschaftsleben«, »Der Triumph des Königtums Christi in der deutschen Frau«. Horváth erwähnt die Veranstaltung im *Ewigen Spießer.*

26. August: Der ›Staffelsee-Bote‹ berichtet, daß unter großer Anteilnahme der Bevölkerung Murnaus eine Fahnenweihe des ›Frontkämpferbundes‹ mit einem Festakt am Ludwigs-Denkmal und mit einer Rede des Vorsitzenden der ›Kolonialkrieger‹ stattfand, ein Ereignis, das sich in Horváths *Italienischer Nacht* niederschlägt.

3.–6. Oktober: In Wien treffen sich unter Vorsitz des deutschen Reichspräsidenten Paul Löbe Vertreter von 28 europäischen Staaten zum 1. Paneuropa-Kongreß, dessen »Ehrenpräsidium« u. a. auch der österreichische Bundeskanzler Ignaz Seipel und der tschechoslowakische Ministerpräsident Eduard Beneš angehören.

18. November: In der ›Berliner Volkszeitung‹ wird Horváths *Legende vom Fußballplatz* abgedruckt.

21. November: Die ›Berliner Volkszeitung‹ druckt *Vom artigen und unartigen Ringkämpfer* aus den *Sportmärchen* von Horváth.

5. Dezember: Start und Ziel aus Horváths *Sportmärchen* wird in der ›Berliner Volkszeitung‹ abgedruckt.

6. Dezember: Im ›Simplicissimus‹ wird *Der Herr von Bindungshausen* aus Horváths *Sportmärchen* abgedruckt.

Ende Dezember: Der Vorstand der ›Deutschen Liga für Menschenrechte‹ beschließt, sich mit der deutschen Justizkrise zu befassen. Ein Arbeitsausschuß wird gewählt, der alles Material sammeln soll, um konkrete Vorschläge zur Behandlung der Mißstände zu erarbeiten.

1927

Februar bis März: In den Räumen der ›Liga für Menschenrechte‹ in der Wilhelmstraße in Berlin sichtet Horváth zusammen mit anderen Mitarbeitern der Liga das Material für eine
Denkschrift gegen die deutsche Justizkrise (Gross 122).

August: Im ›Anzeigenblatt für die dramatischen Werke
der Volksbühnen-Verlags- und Vertriebs-GmbH‹ wird auf
Revolte auf Côte 3018, die »überraschende Talentprobe«
Horváths, hingewiesen und mitgeteilt, daß das Stück »von
den Kammerspielen Hamburg und den Vereinigten Deutschen Theatern in Brünn« zur Uraufführung angenommen
wurde.

4. November: In den Kammerspielen im Thalia-Theater in
Hamburg findet unter der Regie von Hans Lotz in Anwesenheit des Autors die Uraufführung von *Revolte auf Côte 3018*
statt.

5. November: Otto Schabbel, Feuilletonchef der deutsch-na-
tionalen ›Hamburger Nachrichten‹, schreibt in seiner Rezension über Horváths *Revolte auf Côte 3018*: »Im Programmheft annonciert sich der Verfasser mit vagen, verschwommenen
Gesten unreifer Geistigkeit als Sechsundzwanzigjährigen.
Das überrascht mich offen gestanden. Nach Kenntnis des
Stückes hatte ich geglaubt, er säße noch auf der Schulbank.«

26. November: Der ›Staffelsee-Bote‹ berichtet in den Lokal-
nachrichten auf der ersten Seite über den »schriftstellerischen
Erfolg« des »von Herrn Baron Oedoen v. Horwath« verfaß-
ten Stückes *Revolte auf Côte 3018* in Hamburg: »Der Publikumserfolg war nach Blättermitteilungen außerordentlich
groß.«

4. Dezember: Franz Schultz, Professor für Neuere deutsche
Literatur an der Universität Frankfurt, mit dessen Frau Wally
Horváth eng befreundet und in deren Haus in Hinterhorn-
bach Horváth oft zu Gast ist, feiert seinen 50. Geburtstag.

1928

6. Januar: ›Die Deutsche Bühne‹ kündigt als eine der »Neu-erwerbungen« der Volksbühnen-Verlags- und Vertriebs-GmbH »*Zur schönen Aussicht.* Kom. v. Edon v. Horvath« an.

11.–19. Januar: Während der Olympischen Winterspiele in St. Moritz gehört zur deutschen Nationalmannschaft für Eishockey Georg Schröttle vom S. C. Riessersee. Er ist das Vorbild zu Harry Priegler im *Ewigen Spießer* und zu den meisten anderen Eishockeyspielern in Horváths Werk.

19. Januar: Der Autor des *Golem,* Gustav Meyrink, feiert in Starnberg seinen 60. Geburtstag. Auf Meyrink, der 1927 zum Buddhismus übergetreten war, spielt Horváth mehrfach im *Ewigen Spießer* an.

Mai–Oktober: In München findet die ›Heim- und Technik-Ausstellung‹ statt; Horváth erwähnt sie in seinen *Sechsunddreißig Stunden.*

12. Mai: In Köln wird die internationale Presseausstellung PRESSA eröffnet; sie findet im *Ewigen Spießer* Erwähnung.

Mitte Mai: Horváth beendet sein Stück *Sladek oder Die schwarze Armee* und schickt es an den Volksbühnen-Verlag.

28. Mai: Horváth schreibt aus Murnau an Julius Bab: »Ich bin Anfang Juni in Berlin [. . .] und bin schon wieder neugierig wie sie das Stück beurteilen werden« (HB 1,103).

Anfang Juni: Horváth hält sich in Berlin auf.

28. August: Um 18 Uhr beginnt vor dem Arbeitsamt in München, Thalkirchner Straße 54 die Liebesgeschichte zwischen Agnes Pollinger und Eugen Reithofer, die Horváth in seinem Roman *Sechsunddreißig Stunden* schildert.

30. August: Um 6 Uhr morgens endet in der Schellingstraße – aber »nicht dort, wo sie bei der Ludwigskirche so vornehm beginnt, sondern dort, wo sie aufhört« (GW 12,233) – die Handlung von Horváths Roman *Sechsunddreißig Stunden.*

4. September: In Anwesenheit des Reichspräsidenten von Hindenburg findet in München die Grundsteinlegung zum Bibliotheksbau des Deutschen Museums statt, die Horváth in seinem Roman *Der ewige Spießer* erwähnt.

10. September: Der jüdische Zahnarzt Max Halsmann kommt auf einer Bergtour in den Zillertaler Alpen ums Leben. Sein Sohn Philipp wird verdächtigt, den Vater ermordet zu haben. Ein Ereignis, das in Horváths *Ewigem Spießer* erwähnt wird.

20. September: ›Die Deutsche Bühne‹ kündigt als neues Stück der Volksbühnen-Verlags- und Vertriebs-GmbH Horváths *Sladek oder Die schwarze Armee* an.

22. September: Der Schausteller Carl Gabriel bringt die bis dahin größte ›Riesen-Völkerschau‹ auf das Oktoberfest. Eine besondere Attraktion ist die ›Gebirgs-Achterbahn‹. Beides erwähnt Horváth in *Kasimir und Karoline.*

12. Oktober: Bei Kiepenheuer in Berlin erscheint der Roman *Jahrgang 1902* von dem 26jährigen Ernst Glaeser. Der Titel wird zum geflügelten Wort für eine ganze Generation.

2. November: Im Berliner Reichsverlag erscheint das Buch *Im Schatten Seeckts! Eine Geschichte der deutschen Reichswehr.* Mit demselben Thema hatte sich Horváth auch im *Sladek* beschäftigt.

1929

Die Familie Horváth bezieht in München (bis 1935) eine
Wohnung in der Maximilianstraße 15 (MM).

4. Januar: An der Berliner Volksbühne im Theater am Bülowplatz findet unter der Regie von Viktor Schwanneke die
Uraufführung von Horváths Volksstück *Die Bergbahn* statt.
Im Programmheft wird der Diplomatensohn Ödön Horváth
vorgestellt als einer, der das Adelsprädikat abgelegt hat, weil
er es ablehnt, »von Hause aus zu der schmalen Gruppe der
›klassenbewußten‹ internationalen Aristokratie« gezählt zu
werden, »denen die Ausnutzung von menschlichen Wertlei-
stungen ihrerseits eine privilegierte Selbstverständlichkeit bedeutet«.

5. Januar: Im ›Berliner Lokal-Anzeiger‹ kommentiert Ludwig Sternaux, Horváth habe nicht »nur das Wörtchen ›von‹
abgelegt, es ist auch noch allerhand anderes dabei zum Teufel
gegangen«, nämlich »der ›freie und selbständige Blick für die
tatsächliche Welt‹, der ihm nachgerühmt wird«, statt dessen
»politische Propaganda, die Klassenhaß nährt«. Vor allem für
die rechtsorientierten Zeitungen ist *Die Bergbahn* »radikales,
politisches Theater« (›Deutsche Zeitung‹, Berlin), eine »lä-
cherliche Proletarier-Farce« (›Deutsche Tageszeitung‹, Berlin) und ist Horváth ein »Klischeeschriftsteller«, der den
Kapitalismus »nach der Schablone der kommunistischen
Dutzendliteratur« (›Berliner Börsen-Zeitung‹) zeichnet. In
der ›Vossischen Zeitung‹ registriert Monty Jacobs »vier
Mordtaten, drei die der Dichter geschrieben hatte und eine
vierte, die der Regisseur Victor Schwanneke, ein Mann von
mannigfachen Verdiensten, am Dichter beging«, während
Kurt Pinthus im ›8-Uhr-Abendblatt‹ in der *Bergbahn* »ein
soziales Zeitstück« sah, »das in die Zukunft weist, auch in die

Zukunft des Autors [. . .]. Kein Meisterstück, aber ein begab-
tes, klares, reinliches Stück«. – Als »Sonderveranstaltung der
Volksbühne E.V.« in Berlin findet um 20 Uhr »im Bürgersaal
des Rathauses, Eingang Königstraße«, eine Lesung Horváths
aus eigenen Werken, u. a. aus *Sladek*, statt.

11. Januar: Der Ullstein-Verlag schließt mit Ödön von Horváth einen Vertrag über die »gesamte schriftstellerische Produktion an dramatischen, erzählenden und lyrischen Werken«. Der Vertrag beginnt am 15. Januar 1929 und endet am
15. Dezember 1929. Am 15. 1. und 15. 2. zahlt Ullstein an
Horváth je 500 Mark, dann jeweils 300 Mark monatlich (HB
1,103 f.).

15. Januar: Horváth beklagt sich in einem Brief an Lotte Fahr
in München, daß er in Berlin »herumgehetzt« wird, und
berichtet ihr über den »riesigen Erfolg« der *Bergbahn*-Auf-
führung, und daß sein Roman im Propyläen-Verlag erscheinen werde. »Die haben mehr gezahlt als Fischer, der wollte
ihn auch haben. Kapitalist bleibt Kapitalist, warum soll ich
ihnen was schenken?!« (HB 1,105)

17. Januar: Über den »jüngsten schriftstellerischen Erfolg des
Herrn Baron Oedoen von Horvath« berichtet der ›Staffelsee-
Bote‹ auf der ersten Seite; er zitiert »Diebold von der Frankfurter Zeitung [. . .]: ›Donnernder Beifall beklatschte das
Volksstück und bestätigte die Echtheit seines Titels‹«, und
zitiert Franz Leppmann in der ›B.Z. am Mittag‹. Den Satz aus
der Kritik des ›8-Uhr-Blattes‹: »Am hoffnungsreichsten ist
das Diskussionsmosaik der Hoffnungslosen, wie sie sozialistische Ideen verstehen und mißverstehen . . .« ergänzt der
›Staffelsee-Bote‹ mehrdeutig: »Das ist, was der junge Dramatiker kann, er kann auch ohne spannende Handlung, Spannungen geben.«

22. Januar: Horváth schreibt an Lotte Fahr, daß er bis Mitte
März in Berlin bleiben muß und dann bis Juni oder Juli nach
Murnau fahren wird (HB 1,106).

Februar: ›Das Theater‹, die ›Berliner Illustrierte Monats-
schrift für Theater und Gesellschaft‹, druckt drei Szenen aus
dem ersten Akt von Horváths *Sladek* ab.

6. Februar: In einem Brief an Lotte Fahr kündigt Horváth sein
Kommen an, denn »hier bekomme ich nicht die nötige Ruhe«
(HB 1,108).

ca. 14. Februar: Horváth bricht vorzeitig seinen Berliner Auf-
enthalt ab, fährt nach München und Murnau, wo er bis Ende
März bleiben will.

20. Februar: ›Die Menschenrechte‹, Zeitschrift der Deutschen Liga für Menschenrechte, veröffentlichen Gedanken
Horváths zum Thema »Zensur und Proletariat«.

Ende Februar: In der Zeitschrift ›Der Querschnitt‹ erscheint
unter dem Titel *Fiume, Belgrad, Budapest, Preßburg, Wien,
München* ein autobiographischer Artikel von Horváth.

3. März: Im Berliner Theater am Bülowplatz, das 2000 Besucher faßt, findet die letzte Vorstellung von Horváths *Bergbahn* statt. Die Inszenierung war insgesamt 31mal gespielt
worden.

Anfang April: Thema des 1. April-Heftes von der illustrierten
Halbmonatsschrift ›Das Bayerland‹ ist *Murnau und der Staffelsee.* Mit dem Beitrag *Murnau einst und jetzt* von Benefiziat
J. Gebhardt setzt sich Horváth in seiner Skizze *Ein sonderbares Schützenfest* auseinander.

4. April: Vor dem Strafgericht München findet die Hauptverhandlung gegen die »wegen Betrugs im Rueckfall« angeklagte
29jährige Klara Gramm aus Kempten statt, nach deren
Schicksal Horváth später den »kleinen Totentanz« *Glaube
Liebe Hoffnung* schreibt.

8. April: In der Umgebung Murnaus hält das 1. Bataillon des
19. Infanterieregimentes Geländeübungen und Scharfschie
ßen ab. Horváth behandelt das in seiner *Italienischen
Nacht.*

22. April: Horváth übergibt dem für das Feuilleton des ›Berliner Tageblattes‹ zuständigen Redakteur P. A. Otte ein Typoskript seines Romans *Sechsunddreißig Stunden* (HB 1,108).

23. April: Horváth schickt ein weiteres Exemplar von *Sechsunddreißig Stunden* an P. A. Otte, weil er entdeckt, daß er
ihm »gestern ein nicht ganz durchkorrigiertes Exemplar
übergab [. . .]. Beiliegend das richtige!« (HB 1,108).

26. April: Der Ullstein-Verlag bestätigt Horváth, der sich in
Murnau aufhält, daß der Roman *Sechsunddreißig Stunden*
angenommen ist und im Propyläen Verlag erscheinen wird
(HB 1,109).

(?). April: Auf einer Postkarte bittet Horváth P. A. Otte, den
Titel seines neuen Romans abzuändern. »Setzen Sie bitte
[. . .] statt ›36 Stunden‹–›Herr Reithofer wird selbstlos‹. Das
soll nun der endgültige Titel sein« (HB 1,108).

5. Mai: Uraufführung von Karl Kraus' *Die Unüberwindlichen* durch das neugegründete ›Studio Dresdner Schauspieler‹ im Dresdner Residenztheater. Als zweite Uraufführung
des Ensembles ist Horváths Komödie *Zur schönen Aussicht*
geplant, scheitert aber aus finanziellen Gründen.

19. Mai: In Barcelona wird die Weltausstellung eröffnet, die
mit einem Kostenaufwand von hundert Millionen Goldmark
von der spanischen Regierung unter Alfons XIII. und dem
Präsidenten Primo de Rivera zusammen mit der Stadt Barcelona organisiert worden war. Vielbeachtetes Bauwerk war der
Pavillon des Architekten Mies van der Rohe und seiner Mitar-
beiterin Lilly Reich. Auch die Inneneinrichtung war von
ihnen entworfen worden. Seine Reise zur Weltausstellung be-
schreibt Horváth später in dem Roman *Der ewige Spießer.*

(?). Mai: Aus Murnau schreibt Horváth eine Grußkarte an
P. A. Otte nach Berlin (HB 1,109 f.).

Juli: Horváth hält sich einige Tage in Frankfurt am Main auf
und wohnt in der Feldbergstraße 7 »bei Schulz« (HB
1,110).

13./14. Juli: In der Wochenendausgabe der ›Münchner Post‹
erscheint Lukas Kristls Bericht *Vor Gericht ist das Betrug*
über das Strafverfahren gegen Klara Gramm. Dieser Artikel
wird später zur Grundlage von Horváths Bühnenstück
Glaube Liebe Hoffnung, das in Zusammenarbeit mit Lukas
Kristl 1932 entsteht.

23. Juli: Bruno Henschel, der Leiter des Volksbühnen-Ver-
lags, bedauert in einem Schreiben an Horváth, »daß der
Volksbühnenverlag nicht in der Lage ist mit Ullstein zu kon-
kurrieren« und er auf die Übernahme von Horváths Posse
Rund um den Kongreß verzichten muß (HB 1,111).

26. Juli: Der Berliner Volksbühnen-Verlag bestätigt Horváth
nochmals in einem Telegramm, daß er auf die Übernahme der
Posse *Rund um den Kongreß* verzichtet. Horváth schickt das
Telegramm noch am selben Tag an den Ullstein-Verlag weiter
(HB 1,111).

28. Juli, 3. und 4. August: In Murnau wird zum 120. Mal das jedes Jahr stattfindende »Graf-Arco-Schießen« gefeiert, das an die Befreiung Murnaus von den Tirolern durch den Grafen Maximilian von Arco im Jahr 1809 erinnern soll. Horváth verfaßt aus diesem Anlaß die Skizze *Ein sonderbares Schützenfest.*

31. Juli: Der Ullstein-Verlag bestätigt Horváth die Übernahme der Posse *Rund um den Kongreß* in den Bühnenvertrieb (durch die Arcadia-Verlag GmbH) (HB 1,112).

2. August: Aus Murnau schreibt Horváth an Walter Zadek, Ressortchef beim ›Berliner Tageblatt‹, daß er »das gewünschte Familienporträt spätestens am 6. 8. erhalten« werde (Pr).

9. September: Auf Horváths Bitte hin überweist der Ullstein-Verlag 600 Mark Vorschuß, den Horváth vermutlich für seine Reise nach Barcelona zur Weltausstellung benötigt (HB 1,112).

25. September: Auf seiner Spanienreise hält sich Horváth in Marseille auf, das sich wie »jede größere Hafenstadt durch ein farbiges Leben auszeichnet. [...] In Marseille ist der Mittelpunkt des farbigen Lebens der alte Hafen, und der Mittelpunkt dieses alten Hafens ist das Bordellviertel« (GW 12,196). Horváth beantwortet einen Brief von Hans Henny Jahnn, den dieser in seiner Eigenschaft als Präsident des 1920 gegründeten ›Kartell Hamburger Künstlerverbände‹ über einen geplanten Theaterneubau geschrieben hatte: »Herzlichst begrüße ich es, daß das Haus eine unkomplizierte Bühneneinrichtung aufweisen soll – denn ich finde es ist höchste Zeit, daß wir wieder das Wort = den Menschen auf die Bühne bringen und nicht Maschinenmißgeburten« (HB 1,113).

12. Oktober: Im Berliner ›Film-Kurier‹ erscheint ein Bericht über *Sladek.* Darin heißt es, das Thema bedeute für Horváth »die Auseinandersetzung mit einer Schicht, die er die ›abgehende Klasse‹ nennt. Den Mittelstand, der zwischen der herrschenden Klasse und der ›zukünftigen‹ steht.« – Ein Interview mit Horváth bringt die Berliner Zeitung ›Tempo‹ unter der Überschrift *Typ 1902* in Anspielung auf Glaesers Bucherfolg *Jahrgang 1902.*

13. Oktober: In einer Matinée-Vorstellung der ›Aktuellen Bühne‹ im Lessing-Theater in Berlin wird um 11.30 Uhr Horváths »Historie aus dem Zeitalter der Inflation«, *Sladek der schwarze Reichswehrmann,* unter der Regie von Erich Fisch uraufgeführt. Das Publikum, unter dem sich auch der sozialdemokratische Reichsinnenminister Carl Severing befindet, dem man nachsagt, er habe um die Schwarze Reichswehr gewußt, reagiert auf die Aufführung teils zurückhaltend, teils mit Unruhe.

14. Oktober: Horváth fährt von Berlin nach Murnau. – Die Rezensionen sind unterschiedlich. So heißt es in der Kritik von Alfred Kerr im ›Berliner Tageblatt‹ »Propagandastück mit Kunst? Manchmal. Zwischendurch die Spuren eines Dichters.« Für Alfred Jhering (›Berliner Börsen Courier‹) ist Horváths *Sladek* formal »ältestes Theater«, inhaltlich »dürftig und irreführend«. Julius Knopf (›Berliner Börsen-Zeitung‹) bezeichnet Horváth als »Herr Möchte-gern, der ein Herr Kann-nicht ist«. Als eine »Zierde des deutschen Kommunistenlagers« wird Horváth von Franz Servaes (›Berliner Abendblatt‹) beschimpft. »Also, bitte, nur so fortzufahren, meine Herrschaften. Eklatanter könnt ihr nicht erweisen, wes Geistes Kind ihr seid!« Julius Bab in der ›Berliner Volkszeitung‹ schreibt, in Horváth »stecken mehr Möglichkeiten zu einem wirklichen deutschen Dramatiker als in den meisten Autoren, die die letzten Bühnenjahre uns gezeigt haben. [...] Hier steckt das Talent eines wirklichen dramatischen Dichters«.

15. Oktober: Horváth entschuldigt sich bei Julius Bab brieflich, daß er ihn »gestern in Berlin nicht sprechen konnte«,
und dankt ihm für seine Kritik. »Wie Sie mich durchgesetzt
haben und immer wieder für mich einsetzen – –« (HB
1,114).

22. Oktober: Hans Margulies berichtet in der ›Weltbühne‹
über den ›Halsmann-Prozeß‹, bei dessen Wiederaufnahme-
verfahren Philipp Halsmann zu vier Jahren Kerker verurteilt
wird, obwohl ihm der Mord wieder nicht nachgewiesen werden konnte.

24. Oktober: New Yorker Börsenkrach leitet die Weltwirtschaftskrise ein.

26. Oktober: Der ›Ortsausschuß für das Volksbegehren ge-
gen den Young-Plan‹ veranstaltet in Murnau einen »Großen
Deutschen Abend«, bei dem Horváth Anregung für den
»Deutschen Tag« in seiner *Italienischen Nacht* findet.

30. Oktober: Im Verlag Gustav Kiepenheuer erscheint die von
Hermann Kesten herausgegebene Anthologie *24 neue
deutsche Erzähler,* in der neben Beiträgen von Josef Breitbach, Marieluise Fleißer, Ernst Glaeser, Erich Kästner, Ludwig Renn, Joseph Roth, Anna Seghers und Ernst Toller auch
Horváth mit *Das Fräulein wird bekehrt* vertreten ist.

21. November: In Deutschland gibt es 1 Million Arbeitslose.

14. Dezember: Die »Lyrische Suite« *Leben in dieser Zeit* von
Erich Kästner, eine Auftragsarbeit der »Schlesischen
Stunde«, wird im Rundfunk übertragen. Kästners Hörspiel
hat Horváths Hörspielversuche, vor allem *Der Tag eines jungen Mannes von 1930,* wesentlich beeinflußt.

Walter Rehms Aufsatz *Der Renaissancekult um 1900 und seine Überwindung* erscheint. Gedanken aus dieser Schrift wie auch aus Rehms Arbeit *Der Todesgedanke in der Deutschen Dichtung vom Mittelalter bis zur Gegenwart* (1928) finden sich im *Ewigen Spießer* wieder.

1930

Im Berliner Brückenverlag erscheint das Buch *So starb der Friede. Unbekanntes über die Entstehung des Weltkrieges* von Dr. Dr. E. v. Horváth.

18. Januar: Ullstein verlängert den Vertrag vom 11. 1. 1929 mit Horváth um weitere sechs Monate (HB 2,116).

16. Februar: Im ›Simplicissimus‹ erscheint Horváths Erzählung *Wie der Tafelhuber Toni seinen Hitler verleugnet hat.*

18. Februar: Dr. Edmund von Horváth erwirbt eine als Patent angemeldete »Einrichtung zur Aufbereitung, insbesondere zum Entmuffen von verdorbenem Getreide und dgl. Körner-, sowie Hülsenfrüchten aller Art«, die am 11. 6. 1926 von Gerhard Laible (Dresden, Bautzener Straße 125) angemeldet und am 21. 11. 1929 in die Gebrauchsmusterrolle des Deutschen Patentamtes eingetragen worden war.

6. März: Das Patentblatt publiziert in Nr. 10 des 54. Jahrgangs die Änderung des Gebrauchsmusterinhabers (lfd. Nr. 1 098 086, Klasse 53 k) auf Dr. Edmund von Horváth, München, Theatinerstr. 3.

13. März: Im Lokalteil des ›Murnauer Tagblattes‹ erscheint ein Artikel des Schriftleiters Ernst Fürst, in dem er die Berufsbühnen angreift und das Vereins-Theater verteidigt. »Man will ja dem deutschen Volke etwas vom Schönsten entreißen, sein Volksspiel!«
In seinem Notizbuch entwirft Horváth einen *Offenen Brief* an Ernst Fürst, weil dessen »Vorwürfe gegen das Berufstheater sich durch eine völlige Unkenntnis des Sachverhalts und durch engstirnige Bosheit auszeichnen«. Als »unverschämte

Behauptung« bezeichnet Horváth den Vorwurf, die Berufsbühnen predigten »die Unmoral«. Es sei eine »geliebte Auffassung der Flachköpfe« zu meinen, »ein Stück sei unmora-
lisch, wenn es unmoralische Zustände aufdeckt« (HB
2,117ff.).

19. März: Zum »Tag des Buches« veranstaltet der Schutzverband Deutscher Schriftsteller im Presseheim in München,
Bruderstr. 2 einen Autorenabend mit Joseph Maria Lutz,
Wolfgang Petzet und Ödön Horváth. Horváth liest zwei Kapitel aus seinem Roman *Der ewige Spießer.*

22. März: Horváth schreibt aus Murnau an Hans Ludwig
Held, den Direktor der Stadtbibliothek München, der Horváth um die Überlassung des Manuskriptes für die 1924
gegründete Handschriftensammlung gebeten hatte: »[...]
leider habe ich eben die üble Angewohnheit, meine Manuskripte, sobald sie in irgendeiner Form vervielfältigt vorliegen, zu verbrennen«. Horváth verspricht, das Manuskript
des nächsten Stückes, »das ich ungefähr Mitte Juni beendet
haben werde – – nicht zu verbrennen, sondern es Ihnen
sobald als möglich zukommen zu lassen«. Vermutlich handelt
es sich dabei um das Stück *Ein Wochenendspiel* (später *Italienische Nacht*), das Ullstein dann am 18. 11. brieflich annimmt
(HB 2,119f.).

24. März: In der ›Münchner Post‹ rezensiert Wilhelm Lukas
Kristl die Autorenlesung vom 19. 3. und schreibt: »Das
Wichtigste des Abends war die Bekanntschaft mit Oedön
Horvath [...]. Hier las einer, der etwas in unserer Zeit sehr
rares besitzt: Humor.«

30. März: Im ›Berliner Tageblatt‹ erscheint Horváths Prosa-
Skizze *Hinterhornbach,* mit der er sich die Feindschaft der
Einwohner von Hinterhornbach zuzieht.

4. April: In der ›Literarischen Welt‹ rezensiert Heinrich Mann den Band *24 neue deutsche Erzähler* und erhebt den Vorwurf, daß »kein Wort von Seele« fällt und die jungen Autoren zur Überschätzung »der Zeit, der Zeitgenossen und ihrer selbst« neigten. Horváth skizziert daraufhin in seinem Notizbuch den Protest: »An die Seele glauben wir nicht, weil wir an das ›Opfer‹ nicht glauben.«

14. April: Der Ullstein-Verlag erwirbt die Verlagsrechte an Horváths Roman *Der ewige Spießer* und schreibt an Horváth nach Murnau: »Unsere Erklärung vom 26. April vor. Js. bezüglich des in vorstehendem Roman mit enthaltenen Schlußteils, für sich seinerzeit mit *36 Stunden* betitelt, wird hiermit gegenstandslos« (HB 2,120 f.).

22. April: In der ›Weltbühne‹ (26. Jg., Nr. 17, S. 621–626) setzt sich Peter Panter (d. i. Kurt Tucholsky) in einer Rezension über die Anthologie *24 neue deutsche Erzähler* mit Horváths Erzählung *Ein Fräulein wird bekehrt* auseinander, ohne jedoch Horváths Namen zu nennen: »Ich frage mich nur immer: wo haben die Herren eigentlich ihre Augen! [...] Daran ist beinah alles in Deutschland gescheitert: daß Ihr die Angestellten als Arbeiter klassifiziert, und sie sind es nicht, sie sind es nicht, sie sind es nicht. Ich weiß, wie und daß man beweisen kann, sie seien es doch. Sie sind es nicht. Ihr erreicht nicht ihr Ohr, weil Ihr ihre Sprache nicht sprecht... ach, wäre das eine schöne Erzählung geworden, wenn Sie den Angestellten wirklich da gepackt hätten, wo er zu fassen ist! Ein Jammer.«

22. Mai: Der zwischen dem Ullstein-Verlag und Horváth geschlossene Pauschalvertrag wird diesmal um ein Jahr (bis 15. Juni 1931) verlängert (HB 2,121 f.).

10. Juni: Der Verleger Gustav Kiepenheuer feiert in Berlin seinen 50. Geburtstag. Unter den geladenen Gästen ist auch

Horváth, den der Lektor Hermann Kesten als Autor für den
Kiepenheuer Verlag gewinnen will.

27. Juni: Die Regensburger Lehrerin Elly Maldaque wird »ge-
mäß Artikel 5, Abs. 2 Volksschullehrergesetz mit § 46 For-
malitionsordnung vom 17. Dezember 1825« mit Wirkung
vom 1. Juli 1930 aus dem Schuldienst entlassen, da die Regierung die Überzeugung gewonnen hat, »daß Sie Ihrer geistigen
Einstellung nach der Bewegung des Kommunismus und Frei-
denkertum zugehören und auch wirkendes Mitglied der
Kommunistischen Partei Deutschlands sind. Diese be-
stimmte Haltung gegenüber einer auf den gewaltsamen Um-
sturz der bestehenden Staats- und Kulturordnung hinarbei-
tenden Bewegung ist mit der Stellung eines Beamten und
Lehrers unvereinbar« (Schr 208).
  Horváth behandelt das Schicksal von Elly Maldaque in seinem Fragment *Der Fall E.*

9. Juli: Die Einweisung von Elly Maldaque in die Heil- und
Pflegeanstalt Karthaus-Prüll wird eingeleitet und, ohne ärzt-
liche Untersuchung, noch am selben Tag um 18 Uhr vollzo-
gen (Schr 214 f.).

10. Juli: Elly Maldaque wird vom stellvertretenden Bezirks-
arzt Dr. L. untersucht und ist, seinem Gutachten nach, »als
selbst- und gemeingefährlich geisteskrank zu erkennen und
[. . .] ihre zwangsweise Unterbringung in der Irrenanstalt
dringend notwendig« (Schr 215).

11. Juli: Horváths Typoskript des Romans *Der ewige Spießer*
wird satzfertig von der Herstellung in die Druckerei des Ull-
stein-Hauses gegeben.
  Der Stadtrat von Regensburg ordnet »die sofortige Unterbringung und Verwahrung der ehem. Lehrerin Elise Maldaque in der Heil- und Pflegeanstalt Regensburg wegen gemeingefährlicher Geisteskrankheit« an. Dieser Beschluß wird

»ordnungsgemäß den Eltern zugestellt […]; dem erkrankten Fräulein Maldaque selbst hat er nicht direkt zugestellt werden können, weil mit ihr damals eine Verständigung nicht möglich war« (Schr 218).

19. Juli: In einem Wahlaufruf der SPD heißt es: »Das Kapital will herrschen durch Diktatur.« Ein Satz, der von Horváth mehrfach wörtlich oder sinngemäß zitiert wird.

20. Juli: Unter »den Zeichen zunehmender Herzinsufficienz« stirbt Elly Maldaque um die Mittagszeit. Als Todesursache wird »centrale Pneumonie« und »Herzinsufficienz bei Hypoplasie« angegeben (Schr 223).

22. Juli: Die ›Münchner Post‹ berichtet unter der Überschrift *Zur Strecke gebracht* über den Tod der Lehrerin Elly Maldaque.

26. Juli: Die ›Vossische Zeitung‹, Berlin, berichtet aus Regensburg über den *Tod der Lehrerin Maldaque,* »die nach 17jähriger Tätigkeit an bayerischen Volksschulen wegen angeblicher kommunistischer Betätigung am 28. Juni fristlos entlassen wurde, einige Tage später einen Nervenzusammenbruch erlitt und am 20. Juli in der hiesigen Kreisirrenanstalt an Herzschwäche starb. […] Ohne Unterschied der Parteistellung« meldet der ›Ullstein-Nachrichtendienst‹, wird »hier die Auffassung vertreten, daß der Tod der bisher gesunden 36jährigen Frau eine direkte Folge der behördlichen Maßregelungen war«.

30. Juli: Die SPD-Fraktion im Bayerischen Landtag stellt den Antrag, »die Ursachen, die zur fristlosen Entlassung und zum Tode der Lehrerin Maldaque von Regensburg geführt haben, zu untersuchen und gegebenenfalls gegen die beteiligten Beamten ein Disziplinarverfahren einzuleiten«. Zu diesem Antrag wird am 30. und 31. 7. verhandelt. Unter Berufung auf

Art. 80 Abs. II des Polizeistrafgesetzbuches erklärt der Kultusminister Dr. Goldenberger, die Polizeibehörde habe »das Recht, eine unzurechnungsfähige Persönlichkeit, deren Gemeingefährlichkeit, d. h. bei der ein gemeingefährlicher Grad der Erkrankung festgestellt ist, in einer Heil- und Pflegeanstalt unterzubringen«. Nach Anschauung des Staatsministeriums des Inneren sei das Vorgehen »in keiner Richtung zu beanstanden« (Schr 242 ff.).

2./3. August: Auch die ›Münchner Post‹ berichtet über den *Fall Maldaque* und greift den bayerischen Kultusminister Dr. Goldenberger und die Bayerische Volkspartei an.

12. August: Peter Nord greift in der ›Weltbühne‹ (26. Jg., Nr. 33, S. 230–232) die *Tragödie der Lehrerin Maldaque* auf. Sein Bericht dient u. a. Horváth als Grundlage für das Fragment *Der Fall E.*

12. September: Horváth tritt aus der katholischen Kirche aus (Dok Pr).

13. September: Im ›Staffelsee-Boten‹ erscheint folgender Bericht: »Im Frühjahr heurigen Jahres fand in Oberammergau eine Versammlung der NSDAP statt. Betrunkene nörgelten herum und störten die Versammlung. Ein Betrunkener mußte entfernt werden. Daraufhin setzte eine Schieberei ein, wobei ein SA-Mann von mehreren Leuten bedrängt, zu Boden gedrückt und gedrosselt wurde: die Nationalsozialisten setzten sich zur Wehr, [. . .] und schließlich schlug der Ingenieur Max Rößler von Garmisch in der Hitze des Gefechtes einen Mann, der auf Seite der Versammlungsstörer stand, mit einem Bierglas auf den Kopf.« Dieses Ereignis behandelt Horváth in seiner Skizze *Der mildernde Umstand.*

14. September: Die Wahlen zum Reichstag bringen den Nationalsozialisten einen großen Stimmenzuwachs; sie steigern ihren Anteil von 12 auf 107 Sitze. Damit wird die NSDAP zur zweitstärksten Partei nach der SPD.

20. September: Auf dem Münchner Oktoberfest ist zum ersten Mal zusätzlich zu den 400 Farbigen auch noch eine ›Völkerschau der australischen Lippen-Negerinnen‹ zu sehen. »Gleich hinter dem Dorf der Lippennegerinnen« spielt das 1. Bild von Horváths Volksstück *Kasimir und Karoline.*

6. Oktober: Im Propyläen-Verlag erscheint Horváths Roman *Der ewige Spießer* in zwei textidentischen Ausgaben, broschiert zu 3 Mark, in Leinen gebunden zu 4,50 Mark mit einem Schutzumschlag von Olaf Gulbransson.

26. Oktober: Als »Probe moderner Prosa« erscheint im ›Berliner Tageblatt‹ unter dem Titel *Der Ritt auf dem Sturm* ein Auszug aus dem Roman *Der Aufstand* von Franz Zeise, den Horváth als »ein ungewöhnlich starkes episches Talent« bezeichnet (HB 2,124).

28. Oktober: »Bei der großen wirtschaftlichen Not, mit der weiteste Kreise des deutschen Volkes zu kämpfen haben, muß jedes Übermaß an Feiern und Vergnügen vermieden werden«, heißt es in einer amtlichen Mitteilung. Aber »– – mein altes Oktoberfest, das bringt mir kein Brüning um«, läßt Horváth eine seiner Figuren in *Kasimir und Karoline* sagen (GW 5,27 u. 86).

November: Ein Exemplar seines Romans *Der ewige Spießer* schenkt Horváth seinen Eltern mit der Widmung: »Meinen lieben Eltern von Ihrem Ödön« (Pr).

4. November: Horváth wartet auf die Belegexemplare seines Romans *Der ewige Spießer* und schreibt an Julius Bab: »wie ich das Buch bekomme, sende ich es Ihnen sofort zu. Bin schon sehr neugierig, wie es Ihnen gefallen wird« (HB 2,122).

13. November: Die Werbe-Abteilung des Propyläen-Verlags teilt Horváth mit, daß Besprechungen seines Romans *Der ewige Spießer* »bisher noch nicht eingegangen« sind. »Sowie einige Rezensionen vorliegen, werden wir Ihnen diese selbstverständlich zuschicken« (HB 2,123).

18. November: Der Ullstein-Verlag bestätigt Horváth die Annahme seines Volksstücks *Wochenendspiel* für den Bühnenvertrieb durch den Arcadia-Verlag (HB 2,123).

Dezember: Der Buchverlag A. Möller, Berlin-Charlottenburg 4, annonciert in verschiedenen Magazinen als »epochale Neuerscheinung für Sammler« *Das lasterhafte Weib*, das Horváth in *Kasimir und Karoline* erwähnt.

2. Dezember: »Ödön von Horváth, der dieses lustige und sehr freche Buch geschrieben hat, sei bedankt dafür«, heißt es in einer Kritik im Berliner ›Morgen‹ über den *Ewigen Spießer.*

13. Dezember: Horváth besucht Julius Bab in dessen neuer Wohnung in der Akazienallee 4 im Berliner Westend.

14. Dezember: Inzwischen wieder in Murnau, weist Horváth Julius Bab in einem Brief auf den Autor Franz Zeise hin und kündigt dessen Anruf an, »da er sich gerne vorstellen möchte«. Horváth glaubt, »daß sein Roman *Der Aufstand* die Buchgemeinschaft sehr interessieren wird« (HB 2,124).

24. Dezember: In der ›B.Z.‹ erscheint eine Kritik über den *Ewigen Spießer.* Darin heißt es: »Hoffentlich das erste von vielen epischen Werken, die man von diesem originellen Dichter erwarten kann.«

Ende Dezember: Anton Kuh rezensiert im ›Querschnitt‹ Horváths Roman *Der ewige Spießer* mit den Worten: »Das ist geschriebener Daumier.«

1931

1. Januar: In Deutschland verzeichnet man 4 357 000 Arbeitslose.

In Neulengbach (Niederösterreich) wird ein Eisenbahnattentat verübt. Als Täter kann später Sylvester Matuska überführt werden.

5. Januar: Der mildernde Umstand von Horváth wird im Münchner ›Simplicissimus‹ abgedruckt.

6. Januar: Herman Kesten, Lektor des Kiepenheuer Verlages in Berlin, beglückwünscht Horváth, der sich in Murnau aufhält, zu seinem Roman *Der ewige Spießer*: »[. . .] keine Vergleiche für ihr reizendes Buch (nicht einmal mit Aristophanes, Mark Twain, Don Quichote, Voltaire und Swift).« Kesten kündigt Horváth für den nächsten Tag die Zusendung seiner Kritik an, die er für die ›Literarische Welt‹ verfaßt hat (HB 2,125).

8. Januar: Hermann Kesten schickt Horváth seine Rezension über den *Ewigen Spießer* zu. Im Begleitschreiben heißt es: »Sie können daraus ersehen, dass ich Ihr Buch ›unvergleichlich‹ finde. Ich habe bei der Gelegenheit wieder in Ihrem Buch gelesen und habe dabei wieder viel Vergnügen gehabt« (HB 2,125).

30. Januar: Bei Anzbach in Niederösterreich verübt Sylvester Matuska sein zweites Zugattentat.

31. Januar: Die ›Münchner Post‹ meldet, daß die ›Hakenkreuzler‹ in Murnau eine Versammlungssprengung vorbereiten.

Die Zahl der Arbeitslosen hat sich auf 4 886 925 erhöht.

1. Februar: In Murnau bringt Horváth gegen 1 Uhr mittags
Bekannte zur Bahn, kehrt dann in die Gaststätte Kirchmeir in
der Hauptstraße 286 ein, wo eine öffentliche Versammlung
des ›Reichsbanners‹ stattfindet, auf der auch der Landtagsab-
geordnete der SPD Erich Auer sprechen soll. Horváth wird
Zeuge einer Saalschlacht zwischen Angehörigen der SPD und
Nationalsozialisten, die die Versammlung sprengen wollten.
Die Bilanz sind 26 Verletzte und ein Sachschaden von ca. 2800
Mark.

2. Februar: Das ›Murnauer Tagblatt‹ berichtet von der Auseinandersetzung am 1. Februar, die »unserem sonst so stillen
Murnau ein schreckliches Ereignis gebracht« hat und »die
unruhige, unzufriedene Zeit, in der wir leben, erschreckend
illustriert«. Abschließend heißt es: »Die Sympathie ist hier in
Murnau unbedingt auf Seite der Nationalsozialisten.«

15. März: Die Zahl der Arbeitslosen hat sich auf 4 980 000
erhöht.

19. März: In Wien wird ein deutsch-österreichischer Zoll-
unionsvertrag unterzeichnet, der jedoch infolge des energi-
schen Protestes Frankreichs, Italiens und der Tschechoslowakei am 21. 3. nicht wirksam wird. Horváth arbeitet den
Konflikt in die Endfassung seiner *Geschichten aus dem Wiener Wald* ein.
  Ullstein ändert den Vertrag mit Horváth, der sich in Berlin
aufhält und in der Pension Lüttich in der Motzstraße wohnt,
dahingehend, daß Horváths Honorar sich für »die Monate,
während welcher Sie sich in Berlin aufhalten«, von den ver-
einbarten RM 300,– auf monatlich RM 500,– erhöht. Die
Verpflichtung, dem Ullstein-Verlag seine »gesamte schriftstellerische Produktion einzureichen[,] verlängert sich [. . .]
bis zum 31. Dezember« 1931 (Ull).

20. März: Uraufführung des Volksstückes *Italienische Nacht* im Theater am Schiffbauerdamm (Produktion: Ernst Josef Aufricht) in Berlin unter der Regie von Francesco von Mendelssohn. Im Programmheft ist ein Brief Carl Zuckmayers abgedruckt, in dem er Horváth beglückwünscht: »Ihr Weg [...] führt zu neuer Menschengestaltung, zu neuer Lebensdeutung, zum neuen deutschen Drama!« – Ernst Josef Aufricht hat »den Gauleiter Hinkel und den Schriftsteller Bronnen, der frühzeitig zu den Nationalsozialisten übergewechselt war, zur Premiere« eingeladen. »Die beiden Nazis ließen sich nicht provozieren. Sie applaudierten wie die anderen Zuschauer auch« (Aufr 121).

21. März: In der Zeitschrift ›Das Tagebuch‹ wird Horváths Einführung zum *Ewigen Spießer* abgedruckt. – Die Rezensionen zur Uraufführung der *Italienischen Nacht* sind unterschiedlich. »Satire nach rechts, Satire nach links, im Volkston. Wenn eine Tendenz, dann: kleinbürgerliche Republikaner aufmuntern. Vieles trifft, anderes ist schwach«, schreibt Fritz Engel im ›Berliner Tageblatt‹. »Horváth ist am Wege – am Ziel ist er noch nicht.« Herbert Jhering vermerkt im ›Berliner Börsen-Courier‹: »Ein großer Erfolg. Für das Stück und für die ausgezeichneten Schauspieler.« Die »große nationale Zeitung« Berlins, ›Der Tag‹, sieht in Horváths Stück »eine armselige Hetze gegen den Nationalsozialismus«; die nationale ›Deutsche Zeitung‹ schreibt: »Wir zweifeln keinen Augenblick, daß der Nationalsozialismus nicht stark genug wäre, mit Humor geistvollen Scherz über sich zu ertragen. Aber plumpe, hohle Verunglimpfung darf er sich verbitten.«

25. März: Horváth bestätigt dem Leiter des Propyläen- und Arcadia-Verlages Dr. Emil Herz schriftlich die Verlängerung und Änderung seines Vertrages vom 19. 3. (Ull).

28. März: Reichspräsident Hindenburg erläßt eine Notverordnung zur Bekämpfung politischer Ausschreitungen; Ver-

sammlungsrecht und Pressefreiheit werden wesentlich einge-
schränkt; das Tragen von Uniformen kann verboten werden.

29. März: Franz Werfel und seine Frau Alma Mahler ziehen
von ihrer Wohnung in der Wiener Elisabethstraße 22 in die auf
der Hohen Warte (Steinfeldgasse 2) in Wien-Döbling von Josef Hoffmann erbauten Villa, die zum Schauplatz eines sehr
aufwendig geführten Salons wird.

9. April: Im Theater am Schiffbauerdamm in Berlin findet die
letzte von insgesamt 20 Vorstellungen der *Italienischen Nacht*
statt. Das Theater faßt 840 Besucher.

21. April: Das Leipziger Komödienhaus wird von einem Au-
torenkollektiv, dem u. a. Bert Brecht, Günther Weisenborn
und Slatan Dudow angehören, übernommen. Das Kollektiv
will »ein nach künstlerischen Grundsätzen aufgestelltes, völ-
lig konzessionsloses Programm als ein ›zeitnahes Theater der
Dichtung‹«, meldet die ›Deutsche Bühne‹. »Um von vornherein in engsten Kontakt mit dem Publikum zu kommen, ist
geplant, vor jeder wichtigen Premiere einen Vortrag des Autors über sein Stück und Diskussionsabende zu veranstalten,
an denen Leipziger Persönlichkeiten teilnehmen sollen.« Neben Werken von Brecht, Friedrich Wolf, Günther Weisenborn
u. a. ist auch die Aufführung von Horváths *Italienischer
Nacht* geplant (Gün 2,180).

30. April: Die Zahl der Arbeitslosen beträgt 4 358 000.

4. Mai: Der Ullstein-Verlag teilt Horváth, der im Berliner
Westend in der Schaumburg-Allee 12 (bei Hensel) wohnt,
»der Ordnung halber« mit, daß im Propyläen-Verlag auch
eine Buchausgabe der *Italienischen Nacht* erscheinen wird
(Ull).

8. Mai: Mit einem Defizit von 140 Millionen Schilling droht die Österreichische Credit-Anstalt zusammenzubrechen.

13. Mai: Aus Murnau kommend, meldet sich Horváth in der Pension Zipser, Wien 8., Langegasse 49/6 an (und bleibt dort bis zum 21. 5. gemeldet) (D b 136).

15. Mai: Die Enzyklika *Quadragesimo Anno* von Papst Pius XI. (in Erinnerung an die Enzyklika *Rerum Novarum* vom 15. 5. 1891) wird verlautbart; darin heißt es: »Familienmütter sollen in ihrer Häuslichkeit und dem, was dazu gehört, ihr hauptsächliches Arbeitsfeld finden in Erfüllung ihrer hausfraulichen Obliegenheiten.« Außerdem warnt die Enzyklika vor den Irrlehren des Sozialismus. Horváth spielt in seinen *Geschichten aus dem Wiener Wald* auf die Enzyklika an.

21. Mai: Horváth meldet sich von Wien nach München ab.

24. Mai: Im Verlag Ernst Rowohlt, Berlin, erscheint der Roman *Union der festen Hand* von Erik Reger, der dann dafür, zusammen mit Horváth, den Kleistpreis erhält.

6. Juni: Der Münchner Glaspalast mit 3000 unersetzlichen Gemälden wird durch einen Brand zerstört.

7. Juni: Viktor Schwanneke, der die Uraufführung von Horváths *Bergbahn* inszeniert hatte und in dessen Weinstube in der Rankestraße Nr. 4 Horváth oft zu Gast war, stirbt 51jährig in Berlin.

8. Juni: ›Die Deutsche Bühne‹ kündigt *Geschichten aus dem Wiener Wald* als »satir. Volksstück« innerhalb der Rubrik »Neue Werke« an.

22. Juni: Aus Murnau kommend, meldet sich Horváth wieder in der Pension Zipser in Wien an (und bleibt dort bis 14. 7. gemeldet) (D b 136).

26. Juni: Mit einiger Verspätung veröffentlicht ›Die Literarische Welt‹ Hermann Kestens Kritik über den *Ewigen Spießer,*
in der es heißt: »Horváth ist ein sehr witziger Erzähler, ein
satirischer Beobachter der mittleren Gemeinheiten der mittleren Existenzen unserer mittleren Großstädte.«

Sommer: Der Regisseur Heinz Hilpert liest Horváths *Geschichten aus dem Wiener Wald* und ist so fasziniert davon,
daß er »sofort beschloß, es auch zu inszenieren« (Mat. ÖvH
34).

4. Juli: Der Propyläen-Verlag liefert die Buchausgabe von
Horváths Volksstück *Italienische Nacht* aus. – Die im Ullstein Verlag erscheinende ›BZ am Mittag‹ bringt folgende
Notiz: »Ödön Horváth hat eine unüberwindliche Scheu vor
Ärzten. Er fühlte sich einmal nicht wohl, und seine Wirtschaf-
terin ließ einen Arzt rufen. Dieser zog noch einen Kollegen
zu. Ödön brummt vor sich hin: ›Feig, zwei gegen einen.‹ –
Aber er wurde wieder gesund. Ich fragte ihn, was ihm gefehlt
habe. ›Fieber, kompliziert durch Behandlung.‹« – Die ›Wiener Allgemeine Zeitung‹ veröffentlicht aus Anlaß der bevor-
stehenden Premiere von *Italienische Nacht* ein Interview mit
Oskar Sima, dem Hauptdarsteller. Sima nennt Horváths
Volksstück »eine lustige Persiflage« und bezeichnet Horváth
als »ja so begabt«.

Juli: Horváth schenkt seiner Freundin Gustl Emhardt ein
Exemplar der *Italienischen Nacht* mit der Widmung: »Meiner
lieben Auguste mit passender Frisur von ihm« (Pr).

5. Juli: Die ›Wiener Allgemeine Zeitung‹ bringt ein Interview
mit Horváth, in dem er erklärt, daß er die Arbeit an dem
Wiener Volksstück *Geschichten aus dem Wiener Wald* »eben
beende; Reinhardt und Martin von der Berliner Volksbühne
haben es bereits gelesen und einer von beiden wird es im
Herbst in Berlin herausbringen«.

Als »Gastspiel Oskar Sima« findet im Wiener Raimund-Theater (Direktion: Dr. Rudolf Beer) die österreichische Erstaufführung von Horváths *Italienischer Nacht,* im Programmheft als »Zeitsatire« bezeichnet, statt, »in Szene gesetzt« von Oskar Sima, der, wie schon bei der Uraufführung in Berlin, auch die Rolle des Stadtrats spielt.

7. Juli: Nach Meinung des Kritikers Richard Götz vom ›Wiener Tag‹ kommt Horváth bei seiner *Italienischen Nacht* »über die Zustandsschilderung nicht hinaus«. Sein Stück »hat Charaktere, aber keine Entwicklung«, dennoch »gibt man sich mit ungescheutem Vergnügen hin«. Als »lustig«, als »sehr lustig sogar« empfindet der Rezensent des ›Neuen Wiener Tagblattes‹ Horváths »politische Satire« und ergänzt: »das Stück ist aber auch gescheit, lebensnah, mutig. Und bitterer Ernst steht hinter dem Witz«. Dem Kritiker der ›Neuen Freien Presse‹ in Wien scheint die Komödie »einigermaßen weit getrieben«. Sicherlich sei Horvath »nicht ohne Talent, aber die satirische Absicht geht viel weiter als seine Kräfte«. Die ›Wiener Zeitung‹ wirft Horváth vor, daß seine Satire »sich (für den Autor das Bequemste) objektiv gebärdet und rechts wie links zum Handkuß kommen läßt; man kann nie sagen, wofür sich der Autor entscheidet, denn alle Parteien bekommen ihr Teil ab.« Zwar habe man viel gelacht, »über die eigentliche Absicht der *Italienischen Nacht* aber schien dem Publikum kein Licht aufzugehen oder – es tat so, als ob es nicht verstanden hätte«.

14. Juli: Horváth bedankt sich bei Julius Bab für dessen Kritik über die *Italienische Nacht,* die er wegen einer Reise erst jetzt erhielt. Weiter schreibt Horváth: »hoffentlich wird nun mein nächstes Stück nicht so skizzenhaft, sondern etwas ›fertiger‹« (Le 308).

Horváth meldet sich von Wien nach Berlin ab (Db 136).

15. Juli: Die Zahl der Arbeitslosen beträgt 3 956 000.

20. Juli bis 1. August: Vor dem Schöffengericht in Weilheim findet gegen 33 Teilnehmer an der Murnauer Saalschlacht ein Prozeß wegen Landfriedensbruch statt. Zur Verhandlung sind rund 50 Zeugen geladen, unter ihnen auch Ödön von Horváth.

22. Juli: Der »keiner Partei angehörende Schriftsteller Horváth, der [. . .] als erster den Kirchmeir-Saal betreten hatte«, sagt als Zeuge aus und bestätigt, daß die SPD-Versammlung durch eine gezielte Provokation der Nationalsozialisten gesprengt werden sollte. Während Horváths Aussage schreit einer der Anwälte der Nationalsozialisten, RA Stock, in den Saal: »Ich stelle fest, daß es sich hier um einen Zeugen handelt, der nur Tendenzstücke gegen die Nationalsozialisten schreibt!« (Bericht der ›Münchner Post‹, 23. 7. 31)

25. Juli: Vor dem Weilheimer Schöffengericht verweist der Vertreter der Anklage, Staatsanwalt Braun, in seinem zweistündigen Plädoyer »auf die plastischen Ausführungen des Zeugen Horváth, der wegen der Vorfälle die Beziehungen zu Engelbrecht abgebrochen hat. Horváth macht«, führt der Staatsanwalt aus, »den Eindruck eines ruhigen, sachlichen Mannes, der parteipolitischen Bindungen fernsteht und als interessierter Zuschauer ein geschärftes Auge hatte« (Bericht der ›Münchner Post‹, 28. 7. 31).

30. Juli: Unter dem Titel *Mit dem Kopf durch die Wand* erscheint im Ullstein-Verlag ein Roman des am 29. 5. verstorbenen Regisseurs und Schriftstellers Felix Hollaender.

1. August: Um 10 Uhr wird das Urteil im Murnauer Saalschlacht-Prozeß verkündet. Zwei Angeklagte werden verurteilt, alle »übrigen Angeklagten werden von der Anklage eines Verbrechens bzw. Vergehens des Landfriedensbruchs in Tateinheit mit Vergehen der Versammlungssprengung, bzw. des Vergehens des verbotenen Waffentragens freigesprochen« (Bericht der ›Münchner Post‹, 3. 8. 31).

3. August: Bei Jüterbog entgleist der D-Zug Basel-Berlin; es ist das dritte Attentat des Sylvester Matuska.

12. August: Ein Sprengstoffanschlag auf den Schnellzug Budapest-Wien bei Bia-Torbagy fordert 22 Tote und 14 Verletzte. Es ist das letzte Attentat Sylvester Matuskas.

15. August: Die Arbeitslosenzahl in Deutschland beträgt 4 104 000.

21. August: In der ›Vossischen Zeitung‹ beginnt der Abdruck des Romans *Georg Letham, Arzt und Mörder* von Ernst Weiß, dem Horváth seinen Roman *Der ewige Spießer* gewidmet hatte.

19. September: Wegen des schlechten Wetters und wegen der schlechten wirtschaftlichen Lage droht das Münchner Oktoberfest zu einer Katastrophe zu werden, ein Faktum, das Horváth in sein Volksstück *Kasimir und Karoline* einbaut.

Ende September: Im Deutschen Theater in Berlin beginnt Heinz Hilpert mit den Proben zu *Geschichten aus dem Wiener Wald.*

Oktober: Das ›9. Flugblatt‹ des Arcadia-Verlages druckt eine Szene aus Horváths *Geschichten aus dem Wiener Wald* ab und kündigt die Uraufführung für Anfang November im Deutschen Theater in Berlin an.

14. Oktober: Heinz Hilpert probt mit seinem Ensemble die erste Szene des dritten Teils von *Geschichten aus dem Wiener Wald,* die Szene »beim Heurigen«.
  Er notiert in sein Regiebuch: »Alles sonst wie heutiges Arrangement – braucht nicht aufgeschrieben zu werden.«

17. Oktober: Der Ullstein-Verlag bestätigt Horváth, der sich in Murnau aufhält, die Annahme seines »Bühnenwerkes« *Geschichten aus dem Wiener Wald* (Ull).

21. Oktober: In Wien stirbt Arthur Schnitzler.

25. Oktober: Zusammen mit Erik Reger erhält Ödön von Horváth den mit 1500 RM dotierten Kleist-Preis 1931 zugesprochen. In der Begründung Carl Zuckmayers heißt es: »Es ist anzunehmen, daß er der dramatischen Kunst, die immer ohne Einschränkung eine Kunst der Menschen- und Wortgestaltung bleibt, neue lebensvolle Werte zuführen wird.«

26. Oktober: Die ›Neue Preußische Kronenzeitung‹ kritisiert die Vergabe des Kleistpreises an Reger und Horváth: »Die Würde des Kleist-Preises hat durch solche Komödie der Urteilskraft schwer gelitten. Carl Zuckmayer hat sich unrühmlich hervorgetan. Der Kunstverstand Berlins ist beim Teufel.« – Horváth bedankt sich beim Berliner Schreibbüro Marita Hasenclever brieflich für die fehlerlose Vervielfältigung seiner *Geschichten aus dem Wiener Wald* »innerhalb 24 Stunden« in der Einsicht, »daß die Manuskripte von meinen Stücken infolge ihrer Satzstellungen und ihrer Regiebemerkungen äußerst schwierig zu vervielfältigen sind« (D b 77).

26.–31. Oktober: Vor dem Landgericht München II wird in einem Berufungsverfahren der Murnauer Saalschlacht-Prozeß vom Juli noch einmal aufgerollt. Wieder ist Horváth als Zeuge geladen.

27. Oktober: Die Berliner Tageszeitung ›Tempo‹ druckt unter der Überschrift *Alfred und Marianne* eine Szene aus Horváths *Geschichten aus dem Wiener Wald* ab. –
   In München sagt Horváth am dritten Verhandlungstag aus, er habe den »bestimmten Eindruck gehabt, daß die Schlägerei von den Nationalsozialisten planmäßig vorbereitet war«, berichtet die ›Münchner Post‹ am 29. 10.

30. Oktober: Der ›Völkische Beobachter‹ berichtet in seiner
Münchner Ausgabe, daß der Murnauer NSDAP-Bezirkslei-
ter Otto Engelbrecht Horváth vor dem Landgericht München II als »Bolschewisten (des Salons)« bezeichnete.

31. Oktober: In der Zeitung ›Der Wiener Tag‹ wird eine Szene
aus Horváths *Geschichten aus dem Wiener Wald* abgedruckt.
   Das Urteil des Schöffengerichts Weilheim vom 1. 8. 1931
wird beim Berufungsverfahren in München »als unbegründet
verworfen«.

2. November: Der Ullstein-Verlag teilt Horváth in einem
Brief mit, daß im Propyläen-Verlag eine Buchausgabe seiner
Geschichten aus dem Wiener Wald erscheinen wird (Ull). –
   In Max Reinhardts ›Deutschem Theater‹ in Berlin findet die
Uraufführung von *Geschichten aus dem Wiener Wald* in der
Inszenierung Heinz Hilperts statt, mit Carola Neher (Mari-
anne), Lucie Höflich (Valerie), Paul Dahlke (Erich), Paul
Hörbiger (Rittmeister), Hans Moser (Zauberkönig), Peter
Lorre (Alfred) u. a. Laut Soufflierbuch beträgt die Dauer der
Vorstellung 142 Minuten. – Horváth besucht die Premiere in
Begleitung des Schriftstellers Joseph Breitbach, den Lektoren
Walter Landauer und Hermann Kesten. – Im Programmheft
wird Horváths Skizze *Aus den Memoiren des Hierlinger Fer-
dinand* (auch: *Die gerettete Familie*) abgedruckt.
   Geschichten aus dem Wiener Wald wird in der Zeit vom
2. 11. bis 9. 12. insgesamt 36mal gespielt; am 18. und 22. 11.
finden keine Vorstellungen statt.

3. November: In einer Vorkritik des ›Berliner Lokal-Anzei-
gers‹ bezeichnet Ludwig Sternaux Horváths *Geschichten aus
dem Wiener Wald* als »einziges Pamphlet auf Wien«, als
»Skandal« und »Ungeheuerlichkeit«. – Als erste Wiener Zeitung berichtet die ›Neue Freie Presse‹ über die Uraufführung
in Berlin und verurteilt Horváth als ›zu hart. Es fehlt ihm an
Geschmack, es fehlt ihm auch an Humor.«

4. November: Das ›Berliner Tageblatt‹ druckt die Skizze *L'inconnue de la Seine* von Hertha Pauli. Den Plan, gemeinsam mit ihr ein Stück über die »Unbekannte« zu verfassen, erweist sich später als undurchführbar.

In derselben Ausgabe rezensiert der von Horváth gefürchtete Alfred Kerr die *Geschichten aus dem Wiener Wald*: »Eine stärkste Kraft unter den Jungen, Horvath, umspannt hier größere Teile des Lebens als zuvor. [...] Jetzt malt er [...] ein ganzes Volk.« In einem Leitartikel der nationalen ›Deutschen Allgemeinen Zeitung‹ wird die Uraufführung als »Kundgebung übelsten Fellachentums« bezeichnet, und Paul Fechter, der Feuilleton-Chef dieses Blattes, beurteilt *Geschichten aus dem Wiener Wald* als in seiner »Talentlosigkeit eben so peinlich wie unsympathisch«.

9. November: Leopold Schwarzschilds ›Montag-Morgen‹ berichtet, daß Berliner und österreichische Rechtskreise über die österreichische Regierung und die Berliner Gesandtschaft ein Verbot weiterer Aufführungen von *Geschichten aus dem Wiener Wald* in Berlin erreichen wollten. Da es sich »um eine ganz harmlose Satire auf das Spießbürgertum im allgemeinen handele, die zufällig im Wiener Milieu spiele, aber mit spezifisch österreichischen Belangen nicht das mindeste zu tun habe«, blieb der Protest erfolglos.

10. November: Horváth hält sich bei Eleonore und Francesco von Mendelssohn in Berlin-Grunewald, Königsallee 16 auf. Der Ullstein-Verlag teilt ihm mit, daß der Vertrag bis Ende 1932 verlängert wird; er erhält jetzt monatlich 500 Mark – (Ull).

Im ›Völkischen Beobachter‹ rezensiert Karl-Martin Friedrich *Geschichten aus dem Wiener Wald*: »[...] gespickt mit Unflätigkeiten und Deutlichkeiten«. – In der ›Weltbühne‹ (27. Jg., Nr. 45, S. 728) verteidigt Kurt Tucholsky Horváth gegen den Angriff in der ›Deutschen Allgemeinen Zeitung‹ vom 4. 11., »daß ein geborener Ungar kein Recht hat, sich aktiv am deutschen Schrifttum zu beteiligen«.

17. November: In der ›Weltbühne‹ (27. Jg., Nr. 46, S. 756f.)
schreibt Alfred Polgar: »Die dramatische Begabung Ödön
Horváths erweisen seine *Geschichten aus dem Wiener Wald*
zwingend. Er sieht scharf und gestaltet mit knappster Öko-
nomie der Mittel. [...] Jeder ist Spiegel für die Art des
andern [...].«

19. November: Im ›Völkischen Beobachter‹ bezeichnet Rainer Schlösser Horváth als »Salonkulturbolschewisten«, der
»deutschen Menschen nichts, aber auch gar nichts zu sagen
hat«.

22. November: Von Murnau aus bedankt Horváth sich brieflich bei Julius Bab für die Kritik in der ›Berliner Volkszeitung‹, in der Bab Horváth »sehr echtes, sehr fruchtbares
Gefühl für die leidende Kreatur« und »kämpferischen und
schöpferischen Ernst« bescheinigt hatte. Horváth schreibt:
»leider mußte ich nun so plötzlich (aus familiären und ge-
sundheitlichen Gründen) Berlin verlassen«. Seine Mutter war
bei einem Spaziergang mit der Dogge Hella auf dem vereisten
Weg an der Isar gestürzt und hatte sich einen Oberschenkel-
halsbruch zugezogen (Le 308 f./HB 1,78).

30. November: Aus München schreibt Horváth wieder an
Julius Bab: »[...] soeben erhalte ich Ihre freundlichen Zeilen
und die ›Hilfe‹ nachgesandt – ich freue mich sehr darüber und
besonders über diese Wörter ›eine kritisch mutige Lebensbe-
jahung‹« (WA 8,674).

Dezember: In *Kürschners Deutschem Literatur-Kalender auf
das Jahr 1932* ist auch Horváth genannt und als Mitglied des
SDS, DB und GS angeführt, als Mitglied des Schutzverbandes Deutscher Schriftsteller, des Verbandes Deutscher Bühnenschriftsteller und Mitglied der Gesellschaft für Senderechte.

In Will Vespers Zeitschrift ›Die schöne Literatur‹ beschimpft Richard von Schaukal Horváth als »Balkanliteraten« und »mitleiderregenden Dilettanten«. Zur Verleihung des Kleist-Preises an Horváth schreibt Schaukal: »Kein Hund würde nach solcher Besudelung künftig den Preis noch annehmen.«

9. Dezember: An Horváths 30. Geburtstag findet die letzte Vorstellung von *Geschichten aus dem Wiener Wald* am Deutschen Theater in Berlin statt.
    Horváth arbeitet an *Kasimir und Karoline.*

31. Dezember: Die Zahl der Arbeitslosen in Deutschland ist auf 5 666 000 angestiegen.

1932

Februar: Im ›10. Flugblatt‹ bringt der Arcadia-Verlag, Berlin, einen Überblick über *Geschichten aus dem Wiener Wald* »im Urteil hervorragender Berliner Kritiker anläßlich der Uraufführung« und zitiert u. a. Julius Bab (Berliner Volkszeitung), Bernhard Diebold (Frankfurter Zeitung), Erich Kästner (Neue Leipziger Zeitung), Alfred Kerr (Berliner Tageblatt), Rudolph Lothar (Neues Wiener Journal), Kurt Pinthus (8-Uhr-Abendblatt) und Alfred Polgar (Die Weltbühne). Der Verlag kündigt an, daß *Geschichten aus dem Wiener Wald* im Theater in der Josefstadt in Wien und *Italienische Nacht* im Komödienhaus in Leipzig gespielt würden. Beide Inszenierungen kommen jedoch nicht zustande.

2. Februar: Auf Einladung der von Florian Seidl und Willi Cronauer geleiteten Gesellschaft ›Die Gegenwart‹ gibt Horváth im Gartensaal der Reitschule, Königinstraße 34 in München einen Autorenabend und liest Szenen aus *Italienische Nacht* und *Geschichten aus dem Wiener Wald*. Im Anschluß an die Lesung trifft Horváth sich mit Lukas Kristl im ›Weinhaus Neuner‹, wo Kristl an Horváth die Frage richtet, »wieso Bühne und Film immer nur Kapitalverbrechen behandelten; die ›kleinen Fälle‹, in deren Schlingen sich der Mensch oftmals verfängt, seien ebenso dramatisch und außerdem die Regel, also charakteristisch«. Horváth schreibt später in einer *Randbemerkung* zu seinem Stück: »Und Kristl erzählte mir einen Fall aus seiner Praxis – –, und aus diesem alltäglichen Fall entstand der kleine Totentanz *Glaube Liebe Hoffnung*« (GW 6,11).

8. Februar: In der ›Münchner Post‹ rezensiert Wilhelm Lukas Kristl Horváths Autorenabend: »Der ideale Schlüssel zu den Werken war dieser Abend, war die scheinbar teilnahmslose monotone Art des Vortrags, der die Szenen in die Sphären der reinen Ironie hob.«

16. Februar: Mit einer Aufführung von *Vor Sonnenuntergang*, inszeniert von Max Reinhardt, werden am Deutschen Theater in Berlin die Feierlichkeiten zu Gerhart Hauptmanns 70. Geburtstag (am 15. November) eingeleitet. In der ›Festnummer der Blätter des Deutschen Theaters‹ ist unter den zahlreichen namhaften Autoren, die Gerhart Hauptmann würdigen, mit ein paar Zeilen auch Horváth vertreten.

25. Februar: »Mit einem schnoddrigen Glückwunsch, der dem Autor der dramatischen Büberei *Geschichten aus dem Wiener Wald* alle Ehre macht, meldet sich Herr Ödön Horváth, der Vaterlandslose, der außerdem stolz darauf ist, den Begriff Heimat nicht zu kennen, der Pamphletist, den man höchstens einen ungarischen Renegaten, niemals einen ungarischen Dichter nennen könnte. – Ein sonderbares Geburtstagsheft!« schreibt die im Scherl Verlag erscheinende ›Berliner illustrierte Nachtausgabe‹.

29. März: In der ›Weltbühne‹ (28. Jg., Nr. 13, S. 499 f.) erscheint eine von Horváth (zusammen mit A. M. Frey, O. M. Graf und A. E. Rutra) unterzeichnete Resolution, in der die Münchner Kulturpolitik kritisiert wird, »weil nicht einzusehen ist, warum München zwei weltanschaulich getrennte Besucherorganisationen haben soll, deren eine – die Theatergemeinde – ihr künstlerisches Programm durchaus zurecht in strenger Linienhaltung verficht und damit beinahe auch das Programm für die andre entwirft, so daß man die künstlerischen Beiräte ruhig vertauschen könnte, ohne daß in der Spielplangestaltung beider Verbände eine besondere Änderung wahrzunehmen wäre.«

5. April: Die ›Deutsche Stunde in Bayern‹ bringt in ihrem Abendprogramm um 19.05 Uhr Josef Haydns *Schöpfung* in einer Übertragung aus dem Großen Musikvereinssaal in Wien. Mitwirkende sind Ria Ginster (Sopran), Julius Patzak (Tenor) und Ludwig Weber (Baß). Es spielt das Wiener Symphonieorchester unter Leitung von Robert Heger. Um 22 Uhr folgt – unter dem Titel *Ödön von Horváth* – ein »Zwiegespräch« des Dichters mit Willy Cronauer (GW 11,196–206).

12. April: In der ›Weltbühne‹ (28. Jg., Nr. 15, S. 577) erscheint innerhalb der Rubrik »Antworten« ein Aufruf des ›Scheringer-Komitees‹, der u. a. auch von Horváth unterzeichnet ist. In dem Aufruf heißt es: »Die Unterzeichneten protestieren – unabhängig von ihrem politischen Standort – gegen die Verfolgung eines von seiner Überzeugung getragenen Volksgenossen. Wir verlangen die Freilassung von Scheringer.«

9. Mai: Kasimir und Karoline wird vom Ullstein-Verlag angenommen. Horváth hält sich zu diesem Zeitpunkt in Bad Wörishofen in dem am Bahnhof gelegenen Kurhotel Sproll (100 Betten) auf (Ull).

12. Mai: Wilhelm Lukas Kristl schickt Horváth den Entwurf einer Szene zu *Glaube Liebe Hoffnung* (Pr).

14. Mai: Horváth und Kristl treffen sich in den Münchner Torggelstuben am Platzl neben dem Hofbräuhaus.

6. Juni: Von Murnau aus schreibt Horváth an Hans Ludwig Held, den Direktor der Stadtbibliothek München, der ihn wieder um ein Manuskript für die Handschriftensammlung ersucht hatte: »[. . .] ich schreibe alles gleich in die Maschine und korrigiere dann nur.« Er sagt Held zu, ihm das Stück, an dem er gerade arbeitet, zu überlassen und kündigt die Zusendung für ungefähr Anfang Juli an. Horváth arbeitet zu dieser Zeit an *Glaube Liebe Hoffnung* (Hs M).

12. Juli: ›Die Weltbühne‹ (28. Jg., Nr. 28, S. 74) berichtet
über die Reaktion der Münchner Volksbühne in Heft 3 ihrer
Zeitschrift auf die am 29. 3. veröffentlichte Resolution: »Daß
sozialdemokratische Bildungsbureaukraten jeden nicht zu
ihrer Partei gehörigen Schriftsteller als ›Literaten‹ abtun, sind
wir gewöhnt; aber findet ihr nicht auch, daß der Ausdruck,
die münchner Volksbühne ginge die vier Herren einen
›Dreck‹ an, ein bißchen zu starker Tobak ist?« Ernst Rutra
und Horváth werden in erster Linie persönliche Motive un-
terstellt, weil die Münchner Volksbühne ein Stück Rutras und
Horváths Bitte um Förderung abgelehnt hatte.

27. Juli: Glaube Liebe Hoffnung wird durch Ullstein für den
Arcadia-Verlag angenommen (Ull).
　　Horváth hält sich zu diesem Zeitpunkt in Murnau auf.

28. Juli: Das ›Berliner Tageblatt‹ berichtet: »*Glaube, Liebe,
Hoffnung* ist der Titel eines neuen Stückes von Ödön von
Horváth und Lukas Kristl, das Karl Heinz Martin im Deut-
schen Theater inszenieren wird.«

Sommer: In Berlin dreht Fritz Lang *Das Geheimnis des Dr.
Mabuse* nach einem Drehbuch von Thea von Harbou. Die
Rolle der Lilli ist mit der 21jährigen Wera Liessem besetzt, die
später Horváths Freundin wird.

4. August: Das ›Deutsche Theater‹ in Berlin kündigt die Uraufführung von Horváths *Glaube Liebe Hoffnung* an den
Kammerspielen unter der Regie von Rudolf Beer an.

9. August: In der ›Weltbühne‹ (28. Jg., Nr. 32, S. 202–204)
kritisiert Gerhart Pohl, daß in der Neuausgabe der ersten
zehn Bände des *Großen Brockhaus* »das wissenschaftliche
Leben meistens bei den Toten der Wirklichkeit« beginnt, »die
Männer vollzählig und die ›Jünglinge‹ in eigenwilliger Auswahl erwähnt« werden. »Billinger, Glaeser, Horvath fehlen

zum Beispiel, während jugendliche Belletristen von beträchtlicher Wirkungslosigkeit dargestellt oder erwähnt werden.«

28. August: Ernst Weiß begeht seinen 50. Geburtstag.

September: Das ›Flugblatt Nr. 12‹ des Arcadia-Verlages kündigt für Oktober 1932 die Uraufführung von *Kasimir und Karoline* als »Ernst Josef Aufricht Produktion« an und für Januar 1933 die Uraufführung von *Glaube Liebe Hoffnung* am Deutschen Theater in Berlin.

6. September: Die ›Weltbühne‹ (28. Jg., Nr. 36, S. 374) kündigt an, daß »ab Ende September allwöchentlich [. . .] eine in engem Zusammenhang mit unserm Blatt stehende wiener ›Weltbühne‹ erscheinen [werde], die die wesentlichen Beiträge unsres Blattes übernimmt, darüber hinaus aber jedesmal auch Aufsätze bringt, die sich besonders an den österreichischen Leser wenden und von einer eignen wiener Schriftleitung redigiert werden.«
  Horváths *Geschichten aus dem Wiener Wald* werden für Max Reinhardts Wiener Theater in der Josefstadt angekündigt.

14. Oktober: Die Berliner ›Neue Preußische Kreuzzeitung‹ kommentiert die erste Ausgabe der neuen ›Wiener Weltbühne‹: »Im Rahmen der neuen Geistigkeit, die seit 1918 über uns gekommen ist, nimmt die ›Wiener Mode‹ einen bevorzugten Platz ein. Wir haben sie besonders im Theaterleben zu schmecken bekommen. Die Bühnenschriftsteller Duschinski, Csokor, Ungar und Horváth kamen mit dem großen Zug österreichischer Einwanderer zu uns, und unsere Schauspieler hielten es, vornehmlich im Konversationsstück, für fein und zeitgerecht, so zu tun, als ob sie alle eben aus ›Wean‹ zugereist wären. Offenbar nimmt die literarische Völkerwanderung jetzt die umgekehrte Marschrichtung. Man kann ja nicht wissen, wie energisch Deutschland sich auf seine eigene Kultur besinnt!«

7. November: Der Ullstein-Verlag bestätigt Horváth »auf
Grund gegenseitigen freundschaftlichen Uebereinkommens«
die Lösung des Vertrages mit Ende des Jahres 1932 (Ull).

10. November: Der Ullstein-Verlag schreibt an Horváth: »Da
der Absatz Ihres Buches *Der ewige Spießer* seit längerer Zeit
außerordentlich zurückgegangen ist, können wir nicht erwarten die Bestände auf reguläre Weise zu verwerten. Wir heben
daher den Ladenpreis jetzt auf und verkaufen die Bestände zu
einem niedrigeren Preise. Den mit Ihnen verabredeten Tantie-
mesatz werden wir Ihnen vom vollen uns zufließenden Erlös
vergüten und Abrechnung über die so verkauften Bestände
statt im April nächsten Jahres möglichst schon im Laufe des
Januar Ihnen erteilen« (Ull).

15. November: Nach einer Notiz in der ›Deutschen Bühne‹
plant ›Das Kleine Schauspielhaus‹ in Hamburg die Aufführung von *Kasimir und Karoline.*

18. November: Uraufführung des Volksstücks *Kasimir und
Karoline* als »Ernst Josef Aufricht-Produktion« im Schauspielhaus Leipzig unter der Regie von Francesco von Mendelssohn mit Luise Ullrich und Hermann Ehrhardt in den
Titelrollen. Weitere Vorstellungen in Leipzig finden am 19.
und 21. 11. statt.

22. November: Datierter [dritter] »Versuch zu einem Entwurf
einer Revue von Ödön von Horváth und Robert Adolf
Stemmle« mit dem Titel *Magazin des Glücks* auf Grund einer
Anregung von Max Reinhardt.

25. November: Berliner Premiere von *Kasimir und Karoline*
als «Gastspiel der Ernst Josef Aufricht-Produktion« im Komödienhaus in Berlin. – Max Reinhardts Deutsches Theater
kündigt als Weihnachtspremiere die Revue *Eine Reise durch
die Welt* an; als Autoren werden Horváth, Felix Joachimson

und R. A. Stemmle genannt, als Komponist Mark Lothar.
Vermutlich handelt es sich dabei um das Projekt *Magazin des
Glücks.*

26. *November:* Für Alfred Kerr (›Berliner Tageblatt‹) war
Horváths Premiere ein »bezaubernder Abend«, überhaupt ist
in Horváths Stücken, schreibt er in seiner Rezension, »Humorkraft und Anklagekraft, die weit über Josef Ruederer und
Ludwig Thoma hinausdringt«. Monty Jacobs (›Vossische Zeitung‹) schreibt: »Heute wie früher muß der Griff gerühmt
werden, mit dem Horváth zupackt. Das steht, das wandelt,
das flitzt und sitzt, sein Menschenpack. Nur leider läßt es
kalt, weil es ohne wärmenden Blick, ohne gütigen Zuspruch
erschaffen ist.« Paul Fechter (›Deutsche Allgemeine Zeitung‹)
erinnert an die *Geschichten aus dem Wiener Wald,* die »von
einer Fiesität« waren, »die kaum noch überboten werden
konnte. Jetzt hat er für München eine zweite Auflage jener
Komödie verfertigt und in ihr erfolgreich den Wettbewerb mit
sich selber aufgenommen. Sie ist wirklich noch unsympathischer als die erste geworden –«. Die »ödeste Reportage, ohne
den leisesten Versuch, den an sich bunten Stoff irgendwie und
irgendwo geistig zu durchdringen«, ist Horváths Volksstück
für Ludwig Sternaux (›Berliner Lokal-Anzeiger‹). »Man
kennt ja den Volkston des Herrn Horváth. Gehäufte Gemeinplätze, gehäufte Schmutzereien.«

6. *Dezember:* In der ›Weltbühne‹ (28. Jg., Nr. 49, S. 828 f.)
schreibt Alfred Polgar über Horváth und dessen Volksstück
Kasimir und Karoline: »Dieser Dichter hat eine besondere
Kunst, an seinen Gestalten das, was uns alle bindet: das
Gemeine, sichtbar, beziehungsweise das, womit dieses All
Bindende zugedeckt ist, transparent zu machen. Die Menschenwürde seiner Menschen, so durchleuchtet, erscheint um
diese nur noch als blasse Kontur, kaum zu merken; was aber
hinter ihr steckt, Tun und Lassen eigentlich bestimmend, tritt
um so klarer ins Bild.«

13. Dezember: Datierter [vierter und letzter] »Entwurf von Ödön Horváth und R. A. Stemmle« mit dem Titel *Magazin des Glücks.*

23. Dezember: Ullstein sagt Horváth eine gedruckte Ausgabe von *Glaube Liebe Hoffnung* zu, »und zwar sobald uns das endgültige druckfertige Manuskript vorliegt«. Dr. Herz und Gronle schreiben weiter: »Was den Stand Ihres Kontos und Ihre Verpflichtungen zur Rückzahlung anbelangt, so erklärten Sie uns, zunächst nicht in der Lage zu sein von den monatlichen Ratenzahlungen, die der Kiepenheuer Verlag Ihnen im folgenden Jahre leistet, Teilbeträge an uns abzuführen, sagten aber zu, auch eine solche Regulierung für später in Erwägung zu ziehen. Jedenfalls erklärten Sie uns, daß Sie mit Einnahmen aus der Arbeit an Aufträgen zur Herstellung von Filmmanuskripten rechnen, und daß Sie uns diese zugängig machen werden. Sie sagten uns des Weiteren, daß Sie an einem neuen Roman arbeiteten, und daß Sie uns diesen für Abdruckszwecke zuerst einreichen würden, schon damit auf diese Weise, durch Verrechnung des Abdruckhonorars, etc., eine weitere Möglichkeit zur Abdeckung Ihres Kontos tunlichst gegeben ist« (Ull).

1933

2. Januar: Horváth richtet an Gronle vom Ullstein-Verlag einen Brief, in dem er sich verpflichtet, den Rückzahlungen seiner Schulden »unter allen Umständen nachzukommen«. Horváth kritisiert, daß weder in Leipzig noch in Berlin seine Bücher erhältlich waren und daß der Arcadia-Verlag die für 1933 geplante Uraufführung von *Glaube Liebe Hoffnung* lieber ein Jahr verschieben würde (Gün 2,164).

An den Regisseur Berthold Viertel schickt Horváth *Geschichten aus dem Wiener Wald* in der Hoffnung, er werde es inszenieren, und kündigt »ein ganz ausführliches Exposé« von *Glaube Liebe Hoffnung* an (Hs Marb).

5. Januar: Horváth informiert Gronle vom Ullstein-Verlag, daß Wilhelm Lukas Kristl von den (geplanten) »Berliner Aufführungen« von *Glaube Liebe Hoffnung* 45% bekommen soll, »dafür muss er aber auch an meinen sämtlichen Unkosten zu 45% beteiligt sein. Diese Summe (seine 45%) beträgt bis heute RM 110,55, das sind fast nur Telefongespräche« (Gün 2,197).

29. Januar: Die ›Hamburger Theater-Woche‹ kündigt für die zweite Spielzeithälfte in den Kammerspielen *Geschichten aus dem Wiener Wald* an. Gespielt wird dann jedoch, ab 31. 5. 1933, Nestroys *Einen Jux will er sich machen.*

30. Januar: Reichspräsident Paul von Hindenburg beruft Adolf Hitler zum Reichskanzler. – Berthold Viertel reist von Wien nach Berlin, um die Regie bei der Verfilmung von Hans Falladas Roman *Kleiner Mann, was nun?* zu übernehmen.

31. Januar: Die Zahl der Arbeitslosen in Deutschland beträgt 6 013 612.

1. Februar: In München besucht Horváth den »Ball der Kammerspiele«, der unter dem Motto »Vom Tanz-Teufel geholt!« steht. Einem »Kabarett der Schauspieler« gehören u. a. Valeska Gert, Marianne Hoppe und Peter Kreuder an. Hertha Pauli erinnert sich: »Die ganze Theaterwelt war da, in Kostüm und Maske; Ödön teilte seine Aufmerksamkeit hauptsächlich zwischen Erika Mann, Marianne Hoppe und mir« (Mat. ÖvH 59).

10. Februar: Alle deutschen Rundfunksender übertragen die erste Rede des neuen Reichskanzlers Adolf Hitler aus dem Berliner Sportpalast.

11. Februar: Der ›Staffelsee-Bote‹ berichtet: »Bei der Rede des Reichskanzlers Adolf Hitler, die jedem, der noch Ideale hat und sein Vaterland liebt, bis ins Innerste bewegte, konnte es der Schriftsteller Oedoen Horvath nicht unterlassen in einem öffentlichen Lokal durch Bemerkungen schlimmster Art herauszufordern. Es wäre beinahe zu einem ernsten Zwischenfall gekommen, wenn Kreisleiter Engelbrecht auf Horvaths Bitten diesen nicht geschützt hätte. Zwei S.A.-Leute begleiteten ihn als Deckung nach Hause. Herr Horvath soll inzwischen abgereist sein.« – Horváth mietet sich in München in der Schwabinger Pension Glockner ein (Mat. ÖvH 59).

12 (?). Februar: Das Haus Horváths in Murnau wird von einem SA-Trupp durchsucht.

13. Februar: Horváth schreibt seinem Bekannten Walter Specht-Fey einen Brief, der bei der Verhaftung von Specht-Fey am 9. 9. als Beweisstück beschlagnahmt wird.

14. Februar: Im ›Völkischen Beobachter‹ droht Rainer Schlösser: »Ödön von Horvath besaß die Frechheit, die Nationalsozialisten anzupöbeln. [...] Wird sich der Ödön noch wundern!«

15. Februar: Der ›Staffelsee-Bote‹ veröffentlicht eine Gegendarstellung von Horváths Münchner Rechtsanwalt Dr. Ferdinand Kahn: »Es ist richtig, daß besonnene Elemente der Nationalsozialisten Herrn Horvath vor weniger besonnenen Herrn gewarnt und geschützt haben. Es ist aber absolut unrichtig, und Herr Horvath legt den größten Wert auf diese Feststellung, daß Herr Horvath überhaupt Veranlassung gegeben hat, über ihn aufgebracht zu sein. Er hat keine Bemerkungen, noch weniger ›Bemerkungen schlimmster Art‹ gemacht.«

27. Februar: Im Berliner Reichstagsgebäude bricht ein Brand aus, für den die Kommunisten verantwortlich gemacht werden.

28. Februar: Die »Verordnung zum Schutz von Volk und Staat« setzt die Artikel 114, 115, 117, 118, 124 und 153 der Weimarer Verfassung »bis auf weiteres außer Kraft«. In § 1 heißt es: »Es sind daher Beschränkungen der persönlichen Freiheit, des Rechtes der freien Meinungsäußerung, einschließlich der Pressefreiheit, des Vereins- und Versammlungsrechtes, Eingriffe in das Brief-, Post-, Telegraph- und Fernsprechgeheimnis, Anordnungen von Haussuchungen und Beschlagnahme sowie Beschränkungen des Eigentums auch außerhalb der sonst hierfür bestimmten gesetzlichen Grenzen zulässig.«

4. März: Im österreichischen Nationalrat legen Dr. Karl Renner, Dr. Rudolf Ramek und Dr. Josef Straffner ihre Funktionen als Präsidenten des Nationalrates nieder. Dadurch wird das österreichische Parlament arbeitsunfähig.

5. März: Bei den Reichstagswahlen in Deutschland erringt die NSDAP mit 17 280 000 Stimmen 288 von 647 Mandaten.

7. März: Horváth sagt Fritz H. Landshoff, er wolle »prinzipiell an keiner Zeitschrift mehr mitarbeiten, die sich (und seis auch nur in Glossenform) mit Politik beschäftigt« (Hs M). – Mit Nr. 10 des 29. Jahrgangs erscheint die letzte Ausgabe der ›Weltbühne‹. – In einer Proklamation *An Österreichs Volk* bezeichnet sich die österreichische Regierung als weiterhin im Amt befindlich.

8. März: Die Einschränkung der Pressefreiheit leitet in Österreich den autoritären Kurs der Regierung Dollfuß ein.

9. März: Reichsinnenminister Wilhelm Frick ernennt Franz Ritter von Epp zum Reichsstatthalter von Bayern. SA und SS besetzen in München die öffentlichen Gebäude. Ritter von Epp bildet eine kommissarische bayerische Staatsregierung.

13. März: Unter Leitung von Joseph Goebbels wird das ›Reichsministerium für Volksaufklärung und Propaganda‹ gebildet.

15. März: Die Zahl der Arbeitslosen in Deutschland sinkt mit 5 935 000 erstmals unter die 6-Millionen-Grenze.

16. März: Der bayerische Ministerpräsident Heinrich Held tritt zurück.

Mitte März (?): Horváth verläßt München und fährt nach Salzburg (HP).

23. März: ›Der Kinematograph‹ meldet: »Die für Freitag [24. 3.] im [Berliner] Ufa-Palast am Zoo angesetzte Premiere des Fritz-Lang-Films *Das Testament des Dr. Mabuse* ist verschoben worden. Dafür gelangt am Freitag der Film *Blutendes Deutschland. Der Film der nationalen Erhebung. Dem Deutschen Volke gewidmet* zur Uraufführung.«

24. März: Das »Gesetz zur Behebung der Not von Volk und Reich« (Ermächtigungsgesetz), gegen die Stimmen der SPD beschlossen, tritt in Kraft.

29. März: Der Film *Das Testament des Dr. Mabuse* wird wegen »Gefährdung der öffentlichen Ordnung und Sicherheit« verboten.

18. April: Aus St. Wolfgang kommend, meldet sich Horváth im Hotel Bristol (Altes Haus), Wien (1., Kärntner Ring 1–7) an (und bleibt dort bis 3. 6. gemeldet) (D b 136).

19. April: Der Wiener Verleger Georg Marton und Fritz H. Landshoff vom Berliner Kiepenheuer-Verlag vereinbaren mündlich, daß Marton den Vertrieb der Stücke Horváths für das Ausland und der Kiepenheuer-Verlag in Berlin für Deutschland übernimmt (Gün 2,165f.).

20. April: Landshoff bestätigt Marton in einem Brief die Absprache über den Vertrieb der Stücke Horváths und teilt ihm mit: »Für das z. Zt. in Arbeit befindliche Stück von Horvath haben wir bereits M 1200,– und inzwischen weitere Schill. 300,– gezahlt« (Gün 2,165f.).

21. April: Georg Marton antwortet Landshoff auf den Brief und möchte, »dass uns solange Stücke von Herrn Horvath geliefert werden, bis der Vorschuss« (in Höhe von insgesamt 1200 Mark und 400 Schilling) gedeckt ist (Gün 2,167).
  Horváth schreibt an Csokor eine Postkarte und teilt ihm mit, daß er »seit vorgestern« in Wien ist, und erbittet seinen Anruf – »bin Vormittags bis 10 Uhr immer da« – im Hotel Bristol, Altes Haus (Hs W 1,296/30–2).

21. oder 22. April: Marton bespricht mit Horváth Vertragsmodalitäten (Gün 2,167f.).

24. April: Marton informiert Landshoff, »dass Herr Horvat sich mit unserem Vorschlage einverstanden erklärte, so dass wir bereits auch Zahlungen an ihn leisteten« (Gün 2,168).

25. April: Horváth schreibt abends nach der Lektüre des Wiedertäuferdramas *Feuer vom Himmel* einen Brief an Csokor: »Das ist wirklich ein historisches Stück, so wie es sein soll – es offenbart sich nämlich darin die Seele (wie das Wort lautet) eines ganzen Volkes, unabhängig von der Zeit, und trotzdem ist die Zeit gestaltet – also: die Seele durch die Zeit! es ist eines der aufschlußreichsten Dokumente deutschen Wesens – doch sicher wird es viel mißverstanden werden! Aber das schadet ja nichts, ist ja ganz wurscht – denn die Hauptsache: Du hast das, was man Deutschtum nennt, wundervoll gestaltet. Die Deutschen werden es natürlich in einem für sie günstigen Lichte sehen [...], denn sie werden Dir dankbar sein, daß Du das Chaotische gestaltet hast. Für sie ist ja das Chaos kein Chaos, sondern ein militantes Formproblem. (So ungefähr: trägt man statt 5 Knöpf 6 Knöpf, so ist das Chaos gebannt.) Ein beneidens- und bemitleidenswertes Volk! Da sie aber nicht bemitleidet werden wollen, tun wir ihnen den Gefallen und beneiden wir sie. Es muß schön sein, ein Deutscher zu sein« (Hs W 1,296/30–1).

28. April: Gründung der preußischen ›Geheimen Staatspolizei‹ (Gestapo).

4. Mai: Götz Otto Stoffregen, Intendant des Deutschlandsenders, wird zum Vorsitzenden des SDS gewählt.

10. Mai: In Berlin und fast allen deutschen Universitätsstädten werden als Demonstration »wider den undeutschen Geist« zahllose Bücher jüdischer, kommunistischer und sozialistischer Autoren verbrannt. – Auf dem Königsplatz in München werden auch Bücher Horváths in die Flammen geworfen (B LvH).

11. Mai: In der Wiener ›Arbeiter Zeitung‹ schreibt O. M. Graf unter dem Titel *Verbrennt mich!*: »Nach meinem ganzen Leben und nach meinem ganzen Schreiben habe ich das Recht, zu verlangen, daß meine Bücher der reinen Flamme des Scheiterhaufens überantwortet werden und nicht in die blutigen Hände und die verdorbenen Hirne der braunen Mordbuben gelangen.«

Mitte Mai: In Wien wird der Fritz-Lang-Film *Das Testament des Dr. Mabuse* uraufgeführt.

16. Mai: Das ›Börsenblatt für den Deutschen Buchhandel‹ veröffentlicht eine Liste und nennt »alle Bücher und alle Autoren, die bei der Säuberung der Volksbüchereien entfernt werden können. Ob sie alle ausgemerzt werden müssen, hängt davon ab, wie weit die Lücken durch gute Neuanschaffungen aufgefüllt werden«.

25.–28. Mai: Im Stadttheater von Ragusa (Dubrovnik) findet der XI. Kongreß des Internationalen P.E.N.-Clubs statt, auf dem es zu Protesten gegen die Bücherverbrennung und die Verfolgung von Schriftstellern im Dritten Reich kommt.

26(?). Mai: O. M. Graf fordert Horváth telefonisch auf, einen telegraphischen Protest an den P.E.N.-Club in Ragusa zu unterschreiben.

27. Mai: Die deutsche Delegation des P.E.N., vertreten durch den Korvettenkapitän a. D. Fritz Otto Busch, Hanns Martin Elster und den Hitler-Biographen Edgar Schmidt-Pauli, verläßt unter Protest den Kongreß, als Ernst Toller das Wort ergreifen will. Diesem Protest schließen sich auch die offiziellen Delegierten Österreichs, Grete Urbanitzky-Pasini und Felix Salten, an, was in Wien dann zu weiteren Auseinandersetzungen führt. – In Wien liest O. M. Graf am Telefon

Horváth den Text des Telegramms vor: »Erwarten von Kongreß und Penclubs mannhaftes hilfreiches Eintreten für die verfolgte deutsche Literatur.« Horváth zieht seine Unterschrift zurück, da er »in mancher Formulierung beträchtlich von dem« abweicht, was ihm am Vortag mitgeteilt worden war, und setzt Josef Luitpold Stern, Vorstandsmitglied des ›SDS in Österreich‹, brieflich davon in Kenntnis, er könne »nicht im Namen der österreichischen und geflüchteten Schriftsteller sprechen«, da er weder »Österreicher noch geflüchtet« ist. – Die deutsche Reichsregierung verfügt, daß alle Reichsangehörigen für Reisen in oder durch Österreich eine Gebühr von 1000 Reichsmark zu entrichten haben.

28. Mai: Ergebnislos stellt der Wiener Schriftsteller Sonka in Ragusa den Antrag, ein internationales Komitee für den »Existenzschutz und den Rechtsschutz der verfolgten deutschen Dichter« zu gründen. Gleichzeitig verliest er das Protesttelegramm, das u. a. von O. M. Graf, Hermynia Zur Mühlen, Rudolf Brunngraber und Josef Luitpold Stern unterzeichnet ist. Die Unterschrift Horváths fehlt.

2. Juni: In der Wiener ›Arbeiter Zeitung‹ greift O. M. Graf Horváth scharf an: »Du willst Dir nach keiner Seite irgendein Geschäftchen verderben. Mit solchen Leuten, deren Gesinnung nicht weiter reicht als ihr Maul, und die bei einem so geringfügigem Ansinnen, das an ihren kollegialen Anstand gestellt wird (von einem Solidaritätsbewußtsein ganz zu schweigen!), die Flucht ergreifen, habe ich nichts zu schaffen. Ich teile Dir mit, daß ich von diesem Brief *den* Gebrauch machen werde, der mir gut scheint.«

4. Juni: Horváth meldet sich im Hotel Bristol in Wien ab, reist ins Zillertal, dann nach Innsbruck und schließlich weiter nach Schärding zu einer Kur (D b 137/WA 8,674 f.).

9. Juni: Der ›Reichsverband Deutscher Schriftsteller‹ (RDS) wird zur offiziellen Standesorganisation.

14. Juni: Im Berliner Gloria Palast wird der in München gedrehte Bavaria-Film *SA-Mann Brand* uraufgeführt. Regie führt Franz Seitz, das Drehbuch stammt von Joseph Dahlman und Joe Stöckel. Die Rolle einer jungen Kommunistin, die von den Nazis verprügelt wird, spielt Wera Liessem. Es ist ihre letzte Rolle in Deutschland.

15. Juni: In der in Prag erscheinenden Emigranten-Zeitschrift ›Der Gegen-Angriff‹ kritisiert Oskar Maria Graf das Verhalten Horváths mit den Worten: »[...] ists nicht zum Kotzen, wie nun die meisten Herren Dichter Tag und Nacht herumsitzen und nur nachdenken, mit welchem Pseudonym und durch welche Schreibweise sie wieder Eingang finden könnten ins schöne 3. Reich? Habt ihr nur halbwegs über das Benehmen des Herrn Stefan Zweig, des plötzlich sich als Ungarn fühlenden deutschen Kleistpreisträgers Oedön Horváth anläßlich eines harmlosen Telegramms an den Penclubkongreß in Ragusa gehört?«

21. Juni: Unter Berufung auf einen »Ausschnitt aus der roten Innsbrucker Volkszeitung« berichtet der ›Staffelsee-Bote‹ über Horváth, »von dem wir seit seiner Abreise aus Murnau nichts mehr gehört haben«, von dem aber bekannt sei, »daß er zu einer Clique gehörte, die im neuen Deutschland jetzt ausgespielt hat«; er druckt O. M. Grafs Brief an Horváth nach, der am 2. 6. in der Wiener ›Arbeiter-Zeitung‹ erschienen war.

22. Juni: Verbot der SPD.

28. Juni: Im Wiener Hotel Imperial findet eine Generalversammlung des österreichischen P.E.N.-Clubs statt, dessen Mitglieder Rechenschaft von ihrem Präsidenten Felix Salten

wegen dessen Verhalten in Ragusa fordern. Felix Salten erklärt seinen Rücktritt als Präsident des österreichischen
P.E.N.-Clubs, zieht diese Rücktritterklärung wenig später
aber wieder zurück. Mit 25 gegen 15 Stimmen wird eine Resolution angenommen, in der der österreichische P.E.N.-Club
»den im heutigen Deutschland unterdrückten, ihrer Freiheit
beraubten Männern und Frauen des Geisteslebens, ohne Unterschied ihrer Partei und Rasse, seine Grüße und Sympa-
thien zum Ausdruck bringt und jener gedenkt, die ihr Eintreten für die Geistesfreiheit mit Gefängnis oder Emigration zu
bezahlen haben«, und »Einspruch gegen die geistige Unter-
drückung des Individuums« erhebt. Unterzeichnet ist die
Resolution u. a. von Franz Theodor Csokor, Oskar Maurus
Fontana, Paul Frischauer, Gina Kaus, Ernst Lothar, Rudolf
Lothar, Robert Neumann und Friedrich Torberg. Wieder
fehlt die Unterschrift Horváths.

30. Juni: Von der Kur (»mit strenger Diät von wegen meines
Magens, usw.«) in Schärding schreibt Horváth an eine »liebe
gnädige Frau« in Berlin und teilt ihr mit, daß sein neues Stück
»allerdemnächst fertig« wird. Mitte Juli will Horváth wieder
in Wien sein (WA 8,674 f.).

13. Juli: In der Rubrik »Neue Werke« nennt ›Die Deutsche
Bühne‹ auch Horváths *Unbekannte aus der Seine*.

14. Juli: Das »Gesetz gegen die Neubildung von Parteien«
wird erlassen. Artikel 1 lautet: »In Deutschland besteht als
einzige politische Partei die Nationalsozialistische Deutsche
Arbeiterpartei.«

Mitte Juli: In Wien wohnt Horváth (bis Ende August/Anfang
September) in der Wohnung von Franz Theodor Csokor im 3.
Bezirk, Rennweg 41 »mit Blick auf die täglichen Leichenbe-
gängnisse von meinem Fenster über den Rennweg zum Zen-
tralfriedhof hinaus, Wasserleitung am Gang, wo sich der Kalk

von der Mauer schält –«, wie Csokor am 9. 10. an Ferdinand
Bruckner schreibt und ihm berichtet, Horváth habe gesagt:
»Nur so darf unsereins wohnen – mehr steht einem nicht zu!«
(Cs 1,32).

25. Juli: Mit dem Marton Verlag schließt Horváth einen Ver-
trag über sein neuestes Stück *Hin und her*, das zu diesem
Zeitpunkt noch den (provisorischen) Titel *Die Brücke* trägt.
Den im Vertrag vorgesehenen Passus: »Falls wegen weiterer
Vorschüsse keine Einigung erzielt werden kann, so hat Herr
Horváth das Recht gegen Rückzahlung der Vorschüsse vom
Vertrag zurückzutreten.« Dieser Passus wird von Horváth
gestrichen (HF).

31. Juli: Der SDS wird in den RDS übernommen.

12. August: Csokor schreibt an Horváth: »Die Nachricht,
daß Du dort [in Deutschland] als ›entartet‹ nicht mehr gespielt wirst, ist mehr wert als jeder Literaturpreis – sie bestätigt Dir öffentlich, daß Du ein Dichter bist!« (Cs 1,28).

13. August: Der RDS verschickt ein Rundschreiben, in dem es
heißt: »Der Generalangriff auf die Arbeitslosigkeit ist auf
Befehl des Führers auf der ganzen Linie aufgenommen und
schreitet sieghaft voran. Es ist absolute Pflicht eines jeden
Deutschen, die Regierung Adolf Hitlers in diesem giganti-
schen Kampf mit allen zur Verfügung stehenden Mitteln
weitgehendst zu unterstützen. Auch jeder deutsch denkende
Schriftsteller hat sich unverzüglich in den Dienst dieser Sache
des gesamten Volkes zu stellen« (Fis 631).

21. August: Eine »Entschließung der Reichstheaterkammer«
fordert «die Anwendung der nationalsozialistischen kulturel-
len Grundsätze in der neuen Theaterwelt« und ernennt Dr.
Rainer Schlösser zum »Reichsdramaturgen im Reichsministerium für Volksaufklärung und Propaganda«, der damit

»ermächtigt und beauftragt« wird, »Rat und Auskunft über die Unbedenklichkeit von Bühnenwerken zu erteilen«.

27. August: Im ›Theater an der Wien‹ hat die mit Horváth befreundete Maria Elsner Premiere in Jean Gilberts Operette *Die Dame mit dem Regenbogen.* Das Libretto stammt von Julius Brammer und Gustav Beer, Regie führt Hubert Marischka.

2. September: Csokor schreibt an Ferdinand Bruckner, daß er gerade »ein seltsam gespenstiges Kammerspiel«, Horváths *Unbekannte aus der Seine,* liest, »eine herrliche Rolle für die Elisabeth Bergner, aber wird sie je dieses Stück lesen?« (Cs 1,31).

6. September: Aus Bad Vöslau kommend, meldet sich Horváth wieder im Hotel Bristol in Wien (1., Kärtner Ring 1–7) an und bleibt dort bis zum 16. 9. gemeldet (D b 136).

7. September: Nachdem Horváth ein Probeexemplar der von Klaus Mann edierten Exil-Zeitschrift ›Die Sammlung‹ (mit Beiträgen von Joseph Roth und Hermann Kesten) erhalten und gelesen hat, schreibt er an Dr. Landshoff, der die Zeitschrift im Allert de Lange Verlag in Amsterdam betreut: »Wie ich Ihnen bereits im März sagte, will ich prinzipiell an keiner Zeitschrift mehr mitarbeiten, die sich (und seis auch nur in Glossenform) mit Politik beschäftigt« (Hs M).

11. September: In Seehausen bei Murnau wird der 29jährige Student Walter Specht-Fey verhaftet und »zur Schutzhaft in das Amtsgerichtsgefängnis Weilheim« eingeliefert; seine Wohnung wird durchsucht, eine Reihe von Büchern werden beschlagnahmt. Das Protokoll nennt u. a. Leo Trotzki, *Mein Leben* und *Kapitalismus oder Sozialismus,* Lenin, *Staat und Revolution* und *Der Imperialismus als jüngste Etappe des Kapitalismus,* Engels, *Die Entwicklung des Sozialismus von der*

Utopie zur Wissenschaft und von Karl Marx, *Lohnarbeit und Kapital*. Ein »Brief von dem Schriftsteller Oedön Horvath v. 13. 2. 33« gilt als Beweisstück, »daß Specht-Fey mit diesem, der hier seit Jahren als sog. Edelkommunist gilt und seit der Nat. Revolution aus Murnau verschwunden ist, in Beziehungen gestanden hat. [...] Specht-Fey leugnete [...] Kommunist zu sein. Die kommun. Bücher habe er von Horvath zum Lesen entlehnt« (Staatsarchiv München LRA Garmisch 1986/ 209/IX).

14. September: Die ›Wiener Allgemeine Zeitung‹ veröffentlicht ein Interview mit Ödön von Horváth, »der sich nun ständig in Wien aufzuhalten gedenkt«. Horváths neues Stück *Hin und her*, von dem man sagt, »daß es in mancher Hinsicht an Nestroy und Raimund erinnert«, soll »höchstwahrscheinlich um die Weihnachtszeit am Deutschen Volkstheater unter der Regie von Karlheinz Martin zur Uraufführung gelangen«. Mit dem Stück will Horváth zeigen, »wie leicht sich durch eine menschliche Geste unmenschliche Gesetze außer Kraft setzen lassen«.

15. September: Das Wiener ›12 Uhr-Blatt‹ berichtet unter der Überschrift *Ein berüchtigter Autor im Deutschen Volkstheater* von Rolf Jahns Absicht, Horváths *Hin und her* uraufzuführen. In dem Artikel, der mit »Tarzan« gezeichnet ist, heißt es: »Herr Direktor Jahn ist im Begriff, einen österreichischen Skandal vorzubereiten.« Damit ist die Uraufführung von *Hin und her* gemeint. Horváths *Geschichten aus dem Wiener Wald* werden als »Pamphlet des österreichischen Wesens« bezeichnet, als »beispiellose Unverschämtheit«; »man war«, heißt es weiter in dem Artikel, »mit vollem Recht, ehrlich entrüstet über diese dramatisch behandelte Verunglimpfung des alten Österreich-Ungarn, um so entrüsteter, als Herr Horváth selbst aus diesem Österreich-Ungarn stammt!« Horváth habe »Österreich vor den Augen des Auslandes in den Kot gezerrt und den Berlinern den Österreicher als ein kretiniertes Wesen vorgestellt«.

Mitte September: In einer Sondernummer der ›Deutschen Bühne‹ werden *Richtlinien für eine lebendige Spielplangestaltung, aufgestellt vom dramaturgischen Büro des Kampfbundes für Deutsche Kultur* veröffentlicht. Darin heißt es: »Der Spielplan eines deutschen Theaters muß einem deutschen Publikum wesens- und artgemäß sein; d.h. die dargebotenen Werke müssen in ihrer geistigen Haltung, in ihren Menschen und deren Schicksalen deutschem Empfinden, deutschen Anschauungen, deutschem Wollen und Sehen, deutschem Lebensernst und deutschem Humor entsprechen. Da das Werk nicht von seiner Persönlichkeit und seiner blutgebundenen Wesensart zu trennen ist, dürfen auf einer deutschen Bühne in erster Linie nur deutschblütige Dichter zu Wort kommen, die ihre deutsche Art nicht verleugnen. Das deutsche Theater darf nicht wie bisher zum Tummelplatz artfremden oder in nationaler Beziehung charakterlosen Geistes sein.«

16. September: ›Die Deutsche Bühne‹ meldet die Annahme von Horváths *Eine Unbekannte aus der Seine* durch den Georg Marton Verlag. – Am selben Tag erhält Horváth im Marton Verlag einen Vorschuß in Höhe von 2500 Schilling für ein Stück, »dessen Titel noch nicht feststeht«. Dieser Vorschuß erhöht sich »bei Ueberreichung des Manuskripts und nach erfolgter endgültiger Entscheidung wegen Inverlagnahme« auf 5000 Schilling (HF).

16./18. September: Horváth meldet sich im Hotel Bristol in Wien (1., Kärtner Ring 1–7) ab (16.9.) und zieht in die Opernpension, Opernring 11/4/50 (wo er bis zum 9.12. gemeldet ist) (D b 136).

Herbst: Csokor führt Horváth im Salon der Alma Mahler-Werfel ein. »Da sitzen der Prälat Drechsel und der sozialistische Professor Julius Tandler friedlich nebeneinander, und unser Freund Werfel macht gute Miene zum besseren Spiel seiner Gattin –«, erinnert sich Csokor (Cs 1,44).

9. Oktober: Csokor berichtet Bruckner, daß Horváth »beinahe traurig [ist], daß er wieder nach Murnau in Bayern hinaus soll, wo seine Eltern eine Villa besitzen. Allerdings will er von dort weg – das Dritte Reich paßt ihm auch nicht, so möchte er nach Henndorf bei Salzburg übersiedeln, der Stammburg Carl Zuckmayers, der sich dort eine alte Mühle, die ›Wiesmühle‹, herrlich eingerichtet hat« (Cs 1,32).

10. Oktober: Das ›Börsenblatt für den Deutschen Buchhandel‹ veröffentlicht eine *Mitteilung der Reichsstelle zur Förderung des deutschen Schrifttums* und warnt vor der Verbreitung literarischer Emigrantenzeitschriften; genannt werden die ›Neuen Deutschen Blätter‹, ›Der Wiener Bücherwurm‹ und ›Die Sammlung‹. »Wer heute in Deutschland Bücher kauft von Schriftstellern, die draußen im Ausland Deutschland aufs schmählichste beschmutzen, die teilweise ganz bewußt zum Krieg gegen Deutschland hetzen, macht sich des Landesverrats schuldig.«

13. Oktober: Kerstin Strindberg, die Tochter August Strindbergs aus dessen Ehe mit Frida Uhl, schreibt ihrer Freundin Lina Loos, sie habe in Schweden »das neue Horváthsstück« gelesen, »um es an den Mann zu bringen, und finde es reizend!«.

14. Oktober: Das ›Börsenblatt für den Deutschen Buchhandel‹ veröffentlicht Erklärungen von Alfred Döblin, Thomas Mann, René Schickele und Stefan Zweig, in Zukunft nicht an der Emigrantenzeitschrift ›Die Sammlung‹ mitzuarbeiten.

21. Oktober: Auf Grund der Information, daß das Deutsche Volkstheater in Wien Horváths *Hin und her* »bereits« angenommen hat, veröffentlicht ›Tarzan‹ im 12 Uhr-Blatt vom 21. 10. nochmals einen Artikel unter der Überschrift: *Oedon Horváth und der charakterlose Wiener.* In dem Artikel werden zahlreiche Pressestimmen Wiener Zeitungen anläßlich

der Uraufführung von *Geschichten aus dem Wiener Wald* in
Berlin 1931, die sich – z. T. polemisch – mit Horváths Stück
auseinandersetzen, ausführlich zitiert. »Da kann ma nix machen«, schließt der Artikel. »So würde der von dem deutsch-
schreibenden Ungarn so treffend charakterisierte ›Wiener‹
sagen. Was den anlangt, so hat Herr von Horvath halt doch
wahrscheinlich recht gehabt – mit dem Charakter ist's bei ihm
recht schlecht bestellt.« Horváth erstattet daraufhin Anzeige
wegen Ehrenbeleidigung.

31. Oktober: Wilhelm Lukas Kristl feiert seinen 30. Geburtstag.

15. November: ›Die Deutsche Bühne‹ meldet Horváths *Hin
und her* als »Neuwerbung« des Marton-Verlags und kündigt
die Uraufführung am Deutschen Volkstheater in Wien an.

16. November: Im großen Saal der Berliner Philharmonie findet mittags die feierliche Eröffnung der Reichskulturkammer
statt, an der u. a. Heinrich George, Gerhart Hauptmann und
Werner Krauß teilnehmen.

21. November: In Berlin findet die Uraufführung des Films
Der Judas von Tirol statt, nach dem gleichnamigen Schauspiel
von Karl Schönherr. Die Magd Josefa spielt die 22jährige Ma-
rianne Hoppe, nach deren Auskunft das Drehbuch, als dessen
Autor Dr. Hans Curjel genannt wird, von Horváth stammen
soll (HB 1,19).
  Der Marton Verlag in Wien schließt mit dem Komponisten
Hans Gál einen Vertrag über seine Mitarbeit an Horváths *Hin
und her* ab; nach Abzug der Verlagsprovision gehen 25% aller
Tantiemen an ihn.

30. November: Aus Zürich schreibt Csokor an Horváth nach
Henndorf: »[. . .] bist Du nun über die Grenze wieder heim
zu uns – ? Gott sei Dank! Was Du mir nämlich über Deine

Erlebnisse in Murnau mitteilst, wundert mich nicht im geringsten. Wir sind ja alle schon mitten in der Emigration, ob wir noch in Bayern wohnen oder bereits in Wien. Nur hier in der Schweiz wird es die erste Zuflucht geben, ehe wir uns über die Welt zerstreuen. [...] Leben wir neben unseren gepackten Koffern, mein Lieber, lernen wir Englisch, Nähen und Kochen. Und schreiben wir trotzdem unsere Stücke und unsere Bücher weiter – dann bedeutet alles, was sich in jener verwandelten Welt drüben abspielt, nichts als Stoff für uns, den wir vielleicht einmal zu formen haben« (Cs 1,37f.). –

Die Zahl der Arbeitslosen in Deutschland hat mit 3 714 646 den vorerst niedrigsten Stand erreicht.

9. Dezember: Horváth meldet sich in der Opernpension (Wien 1., Opernring 11/4/50) ab und fährt (bis 13. 12.) nach Budapest, wohl um die Formalitäten für seine Eheschließung zu erledigen (D b 136).

11. Dezember: Franz Werfel richtet an die Reichsleitung des RDS in Berlin ein Ansuchen »um Aufnahme in diesen Reichsverband«. Als Bürgen führt er den Schriftleiter der ›NS-Beamtenzeitung‹ Dr. Hanns Martin Elster an und die den Nationalsozialisten nahestehende Wiener Autorin Grete Urbanitzky-Pasini. Sein Antrag bleibt unbeantwortet (Jungk 213 u. 403).

14. Dezember: Aus Budapest kommend, ist Horváth wieder im Hotel Bristol in Wien (1., Kärntner Ring 1–7) gemeldet (und bleibt dort bis 9. 1. 1934) (D b 136).

20. Dezember: Horváth trifft sich mit seiner Freundin Hertha Pauli in einem Wiener Kaffeehaus und teilt ihr mit, daß er in acht Tagen heiraten werde. »Es verschlug mir die Rede, und er fuhr fort: ›Zwischen uns wird sich natürlich nichts ändern.‹ Da ich immer noch kein Wort herausbrachte, ging er schließlich ohne weitere Angaben«, erinnerte sich Hertha Pauli (HP).

27. Dezember: Horváth heiratet in Wien standesamtlich die Sängerin Maria Elsner, »die bereits vor der Ehe einige Monate im gemeinsamen Haushalt mit ihrem künftigen Gatten gelebt« und, wie es im Scheidungsprotokoll vom 16. 10. 1934 heißt, »unter Betonung ihrer großen Liebe und der notwendigen Fürsorge für den Gatten zur Eheschließung« gedrängt hatte. Trauzeugen sind der Schriftsteller Alexander Lernet-Holenia und der Historiker Karl Tschuppik.

30. Dezember: Csokor schreibt an Bruckner, er habe »jetzt angefangen, gemeinsam mit Horváth Englisch zu lernen. Denn hier lebt man seelisch bereits im Exil« (Cs 1,45).

31. Dezember: Die Zahl der Arbeitslosen ist wieder auf 4 804 428 angestiegen.

1934

1. Januar: In der Neujahrsnacht gesteht Horváths Frau ihm,
»daß sie einen anderen liebe und ihn nur geheiratet habe, um
durch die Ehe die ungarische Staatsbürgerschaft und den Namen des Gatten zu erlangen«, heißt es im späteren Scheidungsprotokoll. »Der Gatte war über dieses Geständnis so
erregt, daß er die Gattin anfaßte, schüttelte, vielleicht auch
schlug« (Dok Pr).

8. Januar: Unter dem Namen ›Union Nationaler Schriftsteller‹ konstituiert sich der reichsdeutsche P.E.N.-Club als
internationaler Schriftstellerverband mit Hanns Johst als Präsident, Gottfried Benn und Rainer Schlösser als Vizepräsi-
denten.

9. Januar.: Horváth verläßt Wien und fährt (vermutlich) nach
Deutschland (Db 136).

11. Januar: Die ›Wiener Allgemeine Zeitung‹ veröffentlicht
ein Interview mit Horváth, in dem die Uraufführung von *Die
Unbekannte aus der Seine*, das Horváth »soeben vollendet«
hat, für Januar im Schönbrunner Schloßtheater durch Direktor Preminger angekündigt wird, »dargestellt von Schülern
des Reinhardt-Seminars, unter der Regie von Dr. Preminger
selbst. [...] Von der Wirkung, die das Stück im Schönbrunner
Schloßtheater haben wird, wird es abhängen, ob es vielleicht
doch in einen Abendspielplan übernommen werden kann.«
  Diese Inszenierung kommt jedoch ebenso nicht zustande
wie die Uraufführung von *Hin und her*, die nach Aussage
Horváths »voraussichtlich im Februar« im Deutschen Volkstheater in Wien hätte stattfinden sollen.
  Erstes Auftreten von Horváths Frau Maria Elsner an der
Wiener Staatsoper als Adele in der *Fledermaus*. Der ›Wiener

Allgemeinen Zeitung‹ gegenüber erklärt sie: »Ende Januar
fahre ich nach Paris, wo ich wahrscheinlich in der Reinhardt-
schen *Fledermaus*-Inszenierung ebenfalls die Adele singen
werde. Ueberdies habe ich noch ein zweites Projekt und zwar
soll ich in Prag am Deutschen Theater bei Direktor [Paul]
Eger in *Der Traum einer Nacht* gastieren.«

Mitte Januar: Maria von Horváth, geb. Elsner fährt nach Berlin zurück.

Januar: Vor dem Strafbezirksgericht 1 in Wien wird eine
»Preßklage« verhandelt, die Horváth gegen den verantwort-
lichen Redakteur des Wiener ›12-Uhr-Blattes‹, Dr. Felix
Potz, angestrengt hatte. Horváth wird durch Dr. Flatter vertreten, Dr. Potz durch den RA Dr. Morawetz. Landesge-
richtsrat Dr. Kunze führt die Verhandlung.
  Dr. Potz wird zu einer Geldstrafe von 200 Schilling, eventu-
ell 5 Tagen Arrest, verurteilt. Das Gericht spricht ihn aber
»bezüglich der Behauptung, daß die Komödie [*Geschichten
aus dem Wiener Wald*] ein Pamphlet österreichischen Wesens
gewesen sei, frei mit der Begründung, daß mit dieser Aeuße-
rung nur das Werk des Privatklägers, nicht aber dessen persönliche Ehre angegriffen wurde«, heißt es in einem Zei-
tungsbericht (Hs W 1,296/30).

8. Februar: Angeblich aus Murnau kommend, ist Horváth
wieder im Hotel Bristol in Wien (1., Kärtner Ring 1–7)
gemeldet (und bleibt dort bis zum 12. 3.) (D b 136).

12. Februar: Ein Putschversuch der Linken in Österreich
wird blutig niedergeschlagen. Im ganzen Land kommt es zu
bürgerkriegsähnlichen Unruhen, die bis zum 15. 2. nach offiziellen Angaben 314 Tote und mehr als 800 Verletzte fordern.
Die Sozialdemokratische Partei und alle ihre Organisationen
werden aufgelöst. Namhafte Sozialdemokraten entziehen
sich durch Flucht der Strafverfolgung und gründen in Brünn
eine Zentrale der »Revolutionären Sozialisten«.

20. Februar: Horváths Frau schreibt ihrem Mann einen Brief, »in welchem sie ihm die eheliche Gemeinschaft unter Berufung auf die erfolgten ›Demütigungen‹ und ›Brutalitäten‹ endgiltig aufsagte«, vermerkt das Scheidungsprotokoll vom 16. 10. 1934.

21. Februar: In einem Brief erklärt Horváth schließlich seine Zustimmung zur Trennung. Das »eine ehrliche Erschütterung ausdrückende Schreiben des Gatten« wirkte nach Meinung des Gerichts »in der schonungslosen Aufrichtigkeit gegen die eigene Person ehrlich und glaubwürdig« (Pr).

12. März:. Horváth verläßt Wien und reist (vermutlich) nach Berlin (D b 137).

19. April: Ödön von Horváth schließt mit dem ›Neuen Bühnenverlag im Verlag für Kulturpolitik GmbH‹, Berlin W 50, Marburgerstraße 12, einen Vertrag über *Himmelwärts.* Einen Vorschuß erhält er nicht. Innerhalb dieses Vertrags wird auch sein »nächstes Stück« optiert. Horváth hält sich zu diesem Zeitpunkt wieder in Wien, Hotel Bristol, auf (HF).

1. Mai: Österreich erhält eine »ständische Verfassung«. Sie beginnt mit den Worten: »Im Namen Gottes, des Allmächtigen, von dem alles Recht ausgeht, erhält das österreichische Volk für seinen christlichen, deutschen Bundesstaat auf ständischer Grundlage diese Verfassung.« Die Bundesregierung steht unter »Führung« des Bundeskanzlers.

10. Juni: Mit acht Sprengstoffanschlägen auf Bahnanlagen erreicht die nationalsozialistische Terrorwelle in Österreich ihren Höhepunkt.

18. Juni: Da Horváth gehört hat, »daß man kein Stück von mir in Deutschland spielen kann«, schreibt er an den ›Neuen Bühnenverlag im Verlag für Kulturpolitik‹ und bittet um Intervention beim Reichsministerium für Volksaufklärung und Propaganda: »Es wäre für mich mehr als ein schmerzliches Erlebnis, wenn man es mir untersagen würde, am Wiederaufbau Deutschlands mitzuarbeiten, soweit dies mir meine Kräfte erlauben« (War 277 ff.).

26. Juni: Dr. Willy Stuhlfeld vom ›Neuen Bühnenverlag‹ leitet Horváths Brief in einer Abschrift an den Reichsdramaturgen Dr. Rainer Schlösser im Reichspropagandaministerium weiter (War 277 ff.).

30. Juni: Der Stabschef der SA Ernst Röhm wird von den Nationalsozialisten eines Putsches verdächtigt und zusammen mit mehreren Gegnern des Regimes (u. a. Schleicher, Strasser, Jung) ermordet.

1. Juli: Horváth trifft sich mit dem Komponisten Theo Mackeben und dessen Frau in einem Gartenrestaurant auf der Havelinsel Pichelswerder in Berlin-Spandau (B Mac).

2. Juli: Aus Nizza berichtet Csokor seinem Freund Horváth: »[…] hier erlebe ich etwas vielleicht auch uns Bevorstehendes als Wirklichkeit: die Emigration! und obendrein die Prominenz der deutschen Emigration«. Er fragt Horváth, was er treibe. »Kommt bei Dir endlich das Don-Juan-Stück an die Reihe, von dem Du mir und Ibach erzähltest, als wir ihn im Spital besuchten, wo er mit herausgeschälten Halsmandeln lag? Du brachtest ihm damals einen Strauß spitzer roter Paprikafrüchte, und der Arme hatte solche Schmerzen, schon beim Lachen darüber, er könne das teufelsscharfe Zeug auch nur riechen. […] Du gibst einem ja so viel Mut zur Arbeit, auch ins scheinbar Vergebliche hinein. Denn das ist nicht vergeblich, was wir tun, jeder auf seine Art, wir zwei. Wir nehmen darin Stellung zu einer Zeit, in unserer Generation – und ich rechne Dich trotz Deiner 34 Jahre zu uns – die Humanisten sind und in einer einst für revolutionär geltenden

Jugend die Reaktionäre. Unsere Rolle wird also auf jeden
Ausgang hin die bessere bleiben, selbst wenn man sie uns
daheim nicht mehr zu Ende spielen lassen wird« (Cs 1,73).

11. Juli: Horváth stellt in Berlin den Antrag in den ›Reichsverband Deutscher Schriftsteller E.V.‹ (RDS) aufgenommen zu
werden, in dessen Satzung es heißt: »Mitglied des RDS kann
jeder deutschblütige Schriftsteller werden, der politisch ein-
wandfrei im Sinne des neuen Staates ist.« Als Adresse gibt
Horváth Berlin W 15, Kurfürstendamm 33 an. Als Bürgen für
seine politische Einstellung nennt er Hofrat Willy Stuhlfeld
und den Nazi-Schriftsteller Dr. Edgar von Schmidt-Pauli. Im
›Fragebogen für Mitglieder‹, den Horváth am selben Tag ab-
gibt, führt er an, »ohne Religion« zu sein, »früher: katholisch«; die Frage nach einer Mitgliedschaft beim ›Verband
Deutscher Bühnenschriftsteller und Bühnenkomponisten‹
bejaht er und fügt hinzu: »und Union Nationaler Schriftsteller«. – Horváth erhält die Mitglieder-Nr. 875 (DC).

25. Juli: Putschversuch der Nationalsozialisten in Österreich.
Uniformierte besetzen die Rundfunkzentrale in Wien und
dringen in das Gebäude des Bundeskanzleramtes ein. Der
österreichische Bundeskanzler Engelbert Dollfuß wird ermordet.

30. Juli: In Österreich tritt die neue Regierung Kurt von
Schuschniggs ihr Amt an.

2. August: Reichspräsident Paul von Hindenburg stirbt.
Noch am selben Tag wird das Amt des Reichspräsidenten mit
dem Amt des Reichskanzlers vereinigt. Hitler nennt sich ab
sofort »Führer und Reichskanzler« und verfügt diese Anrede
»im dienstlichen und amtlichen Verkehr«; die Soldaten werden auf Hitler vereidigt.

20. August: Csokor schreibt von Salzburg aus an Horváth: »Du wirst ja bald zu Zucks nach Henndorf kommen« (Cs 1,81 ff.).

2. September: Die Ehe Horváths mit Maria Elsner wird geschieden (Dok Pr).

16. September: Horváth schreibt aus Berlin an seinen Freund Hans Geiringer in München: »Du machst Dir ja keine Ahnung, mit welchen Schwierigkeiten hier gefilmt wird, Zensur und dergl. – so daß alle Leut den Kopf ständig mit Zores voll haben. – [...] Bei meinen sonstigen Filmen geht alles durcheinander. Den *Kuß im Parlament* hat er verboten, in Deutschland ist also damit nichts mehr zu machen. Vielleicht übernimmt ihn die amerikanische Fox, aber das ist nur sehr vielleicht!!! Ob ich den *Kean* mache, ist mir noch nicht ganz klar. Er soll erst Anfang April erscheinen, so hätt ich also noch Zeit. Zur Zeit arbeite ich am *Jux*, alles andere ist noch in der Schwebe. Ich muß nun noch 2 – 3 Wochen hier bleiben, dann komme ich sicher nach München« (D b 106 f.).

21. September: Horváth erhält in Berlin, er wohnt Kurfürstendamm 33, einen Führerschein ausgestellt (D d 172).

September: Auf einer Party des ungarischen Architekten Laszlo Moholy-Nagy in Berlin lernt Horváth die 23jährige Schauspielerin Wera Liessem kennen.

16. Oktober: In »nicht öffentlicher Sitzung« vor dem Oberlandesgericht in Wien als Berufungsgericht wird im Scheidungsverfahren Horváths der »Berufung des Ehebandsverteidigers Dr. Hans Loewit [...] nicht Folge gegeben und das Urteil des Erstgerichts bestätigt« (Dok Pr).

3. November: Horváth schreibt einen kurzen Brief an seine Eltern, in dem es heißt: »Ich habe sehr viel zu tun und kann wirklich jetzt nicht nach München« (HF).

20. November: Csokor berichtet Bruckner: »Horváth zimmert eine Komödie *Himmelwärts*, er ist recht verbittert, weil er seit 1933, wo ihm Deutschland verschlossen wurde, in Wien nur an kleinen Bühnen mit Zufallsensembles, die sich aus deutschen Schauspieleremigranten zusammensetzen, gespielt wird – und das sehr selten. Von ausländischen Bühnen meldeten sich bisher nur Zürich und die Tschechoslowakei« (Cs 1,91).

1. Dezember: Horváth hat gemeinsam mit Wera Liessem eine Wohnung in Berlin-Nicolasee, An der Rehwiese 4 (Tel. Wannsee 5176) bezogen. »Es ist eine Villa und die zwei Zimmer sind sehr schön. Die Garage ist auch im Hause«, schreibt er an seine Eltern (D d 110).

2. Dezember: Horváth teilt seinen Eltern mit, daß sein »Stück *Hin und her* am Schauspielhaus Zürich« am 13.12. uraufgeführt wird. »Leider kann ich unmöglich hin.« Er kündigt seinen Besuch für Weihnachten an, da er in Berlin »mit dem Film furchtbar viel zu tun« habe (D b 110 ff.).

9. Dezember: Horváth schickt an Gustav Hartung, den Regisseur der Uraufführung von *Hin und her* rasch noch eine neue umgearbeitete Szene des Stückes (HF).

13. Dezember: Am Zürcher Schauspielhaus findet die Uraufführung von Horváths Posse *Hin und her*, im Programmheft als »Komödie« bezeichnet, unter der Regie von Gustav Hartung statt. Der Komponist der Bühnenmusik Hans Gál ist bei der Premiere anwesend. Er erinnert sich: »Horváth, der damals in Berlin lebte, war nicht [...] anwesend; aber er rief mich unmittelbar darauf telephonisch an. Seine Hauptfrage mußte ich leider negativ beantworten: es war kein Erfolg« (BG).

Thomas Mann schreibt in sein Tagebuch: »Mit K. ins Theater, wo wir ein minutenweise komisches, aber zu einfallsarmes Singspiel von Odön Horvath sahen. Auf der Rückfahrt dichter Nebel« (MT 1,586).

14. Dezember: Die Rezensionen sind sehr zurückhaltend, sprechen von einem »reichlich spröden dramatischen Gefüge« und von »freundlichem Beifall, der wohl vorwiegend den Interpreten« galt. »Diesen gewiß nicht gestrigen, menschlich sympathischen Fall, zeigt Horváth mittels der Drehbühne bald von dem einen, bald vom anderen Ufer. Aber weil ihm zu diesem Fall nichts weiteres einfiel, wiederholt und zerdehnt er Situationen und Dialoge, bis sie kurz nach neun anfangen, langweilig zu werden.« Die ›Neue Zürcher Zeitung‹ vermerkt, »wie Horváth seine knapp gezeichneten Menschen auf- und abtreten läßt, wie er sie sprunghaft kontrastiert, im oft zärtlich lyrisch gehobenen Dialog gesunde Natursprache, gemischt mit literarischen Wendungen, reden läßt, – darin liegen Beziehungen zum Volksstück der Raimund und Nestroy.«

15. Dezember: In Zürich findet die zweite und zugleich auch letzte Vorstellung von *Hin und her* statt.

Dr. Edmund von Horváth hat das Haus in Murnau an Arnold Rechberg verkauft.

1935

14. Januar: Die Bayerische Politische Polizei erteilt den Bezirksämtern den Befehl, ein Verzeichnis aufzustellen von allen »Kommunisten, die anläßlich der nationalen Erhebung flüchtig gegangen sind und in einem Bezirk aufgetaucht sind und entweder dem Decknamen, der Personalbeschreibung nach oder aufgrund besonderer Eigenheiten bekannt geworden sind« (Staatsarchiv München LRA 3862).

16. Januar: Das Bezirksamt Weilheim beauftragt die Gendarmeriestation Murnau, »Betreff: K.P.D.« festzustellen, welche Personen »anlässlich der nationalen Erhebung« geflüchtet sind (Staatsarchiv München LRS 3862).

18. Januar: Ein Kommissär Vogel von der Gendarmeriestation Murnau berichtet dem Bezirksamt Weilheim, daß Horváth, der »hier als sogenannter Edelkommunist bekannt« war, »einige Tage nach dem 30. Juni 1933 Murnau verlassen« habe und »sich seitdem hier nicht mehr sehen« ließ. Weiter heißt es: »Vor Monaten wurde hier verbreitet, er wäre von Reichsminister Dr. Göbbels persönlich ins Reichspropagandaministerium gegen ein Monatsgehalt von 1000 RM berufen worden. Eine Anfrage des Ortsgruppenleiters der NSDAP. Köhler Murnau beim zuständigen Referenten (Dr. Franke Berlin) hat ergeben, dass dem nicht so sei und Horvath dort gar nicht bekannt sei.« Horváth wird beschrieben als »etwa 1.78 gross, kräftig, volles Gesicht, bartlos, dunkelblonde Haare, vornehmes Auftreten« (Staatsarchiv München LRA 3862).

24. Januar: Die Berliner »Minerva Tonfilm G.M.B.H.« fragt brieflich bei Hans Adler an, ob er für »einen Film nach der Nestroy'schen Posse *Einen Jux will er sich machen* mit Luise

Ullrich, Paul Hörbiger und weiterer prominenter Besetzung«
Liedtexte schreiben wolle. »Die Arbeit an dem Drehbuch,
das von den Herren Bobby E. Lüthge und Oedön Horvath
hergestellt wird, ist bereits soweit vorgeschritten, daß das-
selbe in der ersten Februar-Hälfte fertig sein wird« (HF).

4. Februar: Österreichische Erstaufführung von *Kasimir und
Karoline* durch die »Gruppe Ernst Lönner» als »einmaliges
Gastspiel« in der Komödie unter der Regie von Ernst Lön-
ner.

6. Februar: »Kein toter Punkt während des ganzen Abends.
Man ist gefesselt und bewegt«, urteilt die ›Neue Freie Presse‹,
und im ›Neuen Wiener Journal‹ ist zu lesen: »Ein bißchen
Liliom, ein bißchen Dreigroschenoper und sehr viel eigene
Prägung –«. In derselben Kritik heißt es auch: »Es ist unmöglich, Ödön Horvath als Bühnenautor in Wien willkommen zu
heißen, ohne zuerst grundsätzlich festzustellen, daß der
Mann, der die haßverzerrten, zutiefst lieblosen Satiren
G'schichten aus dem Wienerwald geschrieben hat, von Haus
aus mit unserem ehrlich eingestandenen Mißtrauen zu rechnen hat. Dieses Mißtrauen gegen einen Autor, mit dessen
Namen die Erinnerung an einen peinlichen Exzeß sich ver-
bindet, darf aber nicht die Feststellung verhindern, daß *Kasimir und Karoline* zu den stärksten Eindrücken dieser Spiel-
zeit gehört, obgleich Horváths Volksstück mit manchen
Mängeln der Undramatik behaftet ist.«

9. – 14. Februar: In der Premierenbesetzung wird *Kasimir und
Karoline* als »Gastspiel der Gruppe Ernst Lönner« in den
Wiener Kammerspielen aufgeführt.

12. Februar: Noch einmal beschäftigen sich die Wiener Tages-
zeitungen mit Lönners Aufführung von *Kasimir und Karoline*. Der Rezensent des ›Kleinen Blattes‹ schreibt von einem
»tiefen Eindruck« und von einem »Abend von hohem künst-

lerischen Niveau«, die ›Wiener Zeitung‹ von einem »Haupt-
treffer«, der den Kammerspielen »ganz unerwartet [...] in
den Schoß gefallen« sei.

1. April: Aus einer Notiz des RDS geht hervor, daß Horváths
Adresse nicht mehr Berlin-Nicolasee ist, sondern München,
Maximilianstraße 15, die Wohnung seiner Eltern.

21. Mai: Die allgemeine Wehrpflicht wird in Deutschland
wieder gesetzlich eingeführt. Einen einfachen Soldaten, dessen »Welt so aussichtslos geworden und die Zukunft so tot«
war, macht Horváth später zur Hauptfigur seines Romanes
Ein Kind unserer Zeit. »Aber jetzt hab ich sie wieder, meine
Zukunft, und lasse sie nimmer los, auferstanden aus der
Gruft!« (GW 14,11).

18. Juli: Reinhold Schünzels UFA-Film *Amphitryon* wird in
Berlin unter dem Titel *Aus den Wolken kommt das Glück*
uraufgeführt. Die freie operettenhafte Bearbeitung nach der
Komödie des römischen Dichters Plautus scheint Horváth zu
seinem *Sklavenball* »mit Gesang und Tanz« angeregt zu haben.

7. August: Horváth mietet sich (für sechs Wochen) bei der
Familie Johann Faistbauer in Pöcking/Obb., Haus 49½ ein.

6. September: Horváths Freund Csokor wird 50.

15. September: Auf dem Nürnberger Parteitag verkündet
Hitler das »Gesetz zum Schutz des deutschen Blutes und des
deutschen Lebens«. Durch die »Nürnberger Gesetze« werden den Juden in Deutschland alle bürgerlichen Rechte ent-
zogen, außerehelicher Geschlechtsverkehr und die Eheschließung zwischen Juden und Deutschen untersagt.

18. September: Horváth meldet sich aus Pöcking ab.

20. September: Der Spielfilm *Das Einmaleins der Liebe* nach Johann Nestroys Posse *Einen Jux will er sich machen* mit Luise Ullrich, Paul Hörbiger und Theo Lingen wird uraufgeführt. Bobby E. Lüthge und Horváth (unter dem Pseudonym H. W. Becker) schrieben gemeinsam das Drehbuch; Regie führte Carl Hoffmann.

20./21. September: Aus Pöcking (am Starnberger See) kommend – Horváth gibt an: Berlin –, wohnt Horváth einen Tag im Hotel Regina in Wien (9., Dollfußplatz 16) und zieht dann in den 18. Bezirk in die Bastiengasse 56/2 (wo er bis zum 2. 12. wohnen bleibt) (Db 137).

22. Oktober: Dr. Rudolf Beer, der Direktor der ›Scala‹ in Wien (4., Favoritenstraße 4), teilt Horváth mit, daß ihm das Stück *Das unbekannte Leben* »außerordentlich gefallen« habe. »Ich hoffe, daß sich auch der erwartete Publikumserfolg einstellt. Wir werden also wie mündlich vereinbart einen näheren Aufführungstermin festlegen, jedenfalls werde ich noch in diesem Jahr Ihr Werk herausbringen. Über die Besetzung und die übrigen Details, werden wir uns ja, ebenso wie über den Titel des Stückes noch eingehend unterhalten« (Db 118).

14. November: In Berlin wird der österreichische Spielfilm *Die Pompadour*, zu dem Horváth (unter dem Pseudonym H. W. Becker) gemeinsam mit Veit Harlan das Drehbuch schrieb, gestartet. Regie führte Willy Schmidt-Gentner; Heinz Helbig und Veit Harlan waren seine Assistenten. Die Uraufführung des Films hatte bereits am 24. 10. in Stuttgart stattgefunden.

29. November: Nochmals wird *Kasimir und Karoline* in Ernst Lönners Spielplan aufgenommen, diesmal in seinem inzwischen erworbenen Wiener ›Kleinen Theater in der Praterstraße‹.

Dezember (?): Anläßlich der Wiederaufnahme von *Kasimir und Karoline* durch Ernst Lönners ›Kleines Theater in der Praterstraße‹ in Wien konzipiert Horváth einen Brief, in dem es heißt: »Als mein Stück 1932 in Berlin uraufgeführt wurde, schrieb fast die gesamte Presse, es wäre eine Satire auf München und auf das dortige Oktoberfest – ich muß es nicht betonen, daß dies eine völlige Verkennung meiner Absichten war, eine Verwechslung von Schauplatz und Inhalt; es ist überhaupt keine Satire, es ist die Ballade vom arbeitslosen Chauffeur Kasimir und seiner Braut mit der Ambition, eine Ballade von stiller Trauer, gemildert durch Humor, das heißt durch die alltägliche Erkenntnis: ›Sterben müssen wir alle!‹« (Mat. KK 132 f.).

3. Dezember: Horváth wechselt die Wohnung und zieht (aus der Bastiengasse 56/2) in die Marc Aurel Straße 1/3/12 (und bleibt dort bis zum 16. 1. 1936 gemeldet) (D b 137).

10. Dezember: Uraufführung der »Komödie in einem Vorspiel und vier Akten« *Mit dem Kopf durch die Wand* von Horváth unter der Regie von Rudolf Beer an der ›Scala‹ in Wien. Es finden nur fünf Vorstellungen statt.

11. Dezember: Ratlos fragt der Rezensent Richard Götz im ›Wiener Tag‹, »was das Stück zu bedeuten hat und warum es *Mit den Kopf durch die Wand* heißt; wenn anderes nicht damit bedeutet werden soll, daß es Köpfe gibt und Wände, unter diesen solche, an denen jene sich zuschanden rennen«.

12. Dezember: Emil Kläger rezensiert die Horváth-Premiere an der Scala in der ›Neuen Freien Presse‹: »Ein paar Szenen gelingen, ein paar Figuren. Sie bleiben übrig, stehen auf der Bühne, während das Stück immer mehr zerbröckelt und sich auflöst.«

14. Dezember: In der Wochenausgabe des ›Neuen Wiener Tagblattes‹ ist von »gar nicht beneidenswerten Zuhörern« bei der Premiere von *Mit dem Kopf durch die Wand* die Rede. Zwar habe Horváth »gewiß keine alltägliche Komödie geschrieben, sie darf sogar Anspruch auf literarische Wertung erheben, aber die Handlung bedürfte größerer Klarheit«.

18. Dezember: Im ›Prager Tagblatt‹ rezensiert Alfred Polgar »das neue Stück des ausgezeichneten Desillusionisten Ödön Horváth [...], dessen frühere Theaterstücke ihn als Durch- und Durch-Schauer, als Meister bösartigen Spaßes erwiesen«, findet aber in dieser Komödie »die Überlegenheit spöttischer Betrachtung ersetzt durch eine festgefrorene Grimasse der Überlegenheit«.

29. Dezember: »Mit meinem lieben Ödön ist das eine wirkliche Tragödie!« schreibt Csokor an Bruckner. »Im Dritten Reich als entartet verboten, bleibt ihm nurmehr Wien, Zürich und Prag, denn auch Budapest verschließt sich ihm. Seine letzte Aufführung an einer großen Bühne Deutschlands erlebte er 1932 in Leipzig [...]. Wir haben uns sehr eng befreundet, er ist mir und ich bin ihm hier der nächste, auch im Schicksal des Schweigens, das uns umgibt, während den hier und in Berlin Wohlgelittenen alle Türen der Verlage und Theater offenstehen; wir beide sind eigentlich schon Emigranten des Landes, darin wir wohnen« (Cs 1,115).

31. Dezember: Die Zahl der Arbeitslosen in Deutschland beträgt 2 506 806.

1936

16. Januar: Horváth wechselt in Wien wieder die Wohnung und zieht (aus der Marc Aurel Straße) in die Dominikanerbastei 6/4/11 (und bleibt dort bis zum 13. 7. 1937) gemeldet (D b 137).

6. Februar: In Garmisch-Partenkirchen beginnen die IV. Olympischen Winterspiele.

4. März: Das »Besondere Stadtamt I« von Wien stellt Horváth eine Erkennungskarte mit der Grundnummer 00034690 aus (D d 172 f.).

6. März: Alfred Ibach vereinbart mit Horváth durch einen Brief das Recht, *Figaro läßt sich scheiden* den Bühnen anzubieten. Ibach verpflichtet sich, an Horváth 75 Pfund Sterling in drei Raten zu zahlen, wobei die 1. Rate sofort, d.h. nicht später als in einer Woche, und die 2. Rate am 10. 4. fällig ist; bis zu diesem Zeitpunkt muß die erste Hälfte des Stückes fertig sein. Die 3. Rate wird für den 15. 5. vereinbart; bis dahin muß das Stück abgeschlossen sein. Horváth verpflichtet sich seinerseits zur Rückzahlung der vollen Summe, falls Ibach das Stück innerhalb eines Jahres nicht unterbringen kann. Die Rückzahlung kann ratenweise erfolgen, ist aber bei Zahlungsunfähigkeit einklagbar.

Auf einen Rezeptblock schreibt Horváth einen kurzgefaßten Lebenslauf: »Ödön von Horváth, geb. 9. Dez. 1901 in Fiume, ungarischer Staatsbürger, schreibe aber nur deutsch und zwar seit 1926. Habe folgende Stücke verfaßt: (in Klammern der Ort der Uraufführung) *Die Bergbahn* (Kammerspiele, Hamburg) *Italienische Nacht* (Theater am Schiffbauerdamm, Berlin) *Geschichten aus dem Wienerwald* (Deutsches Theater, Berlin) *Kasimir und Karoline* (Komödie,

Berlin) *Hin und her* (Schauspielhaus, Zürich) / Erhielt den
Kleist-Preis 1931. / Das ist alles« (Hs W 1,296/30–3).

7. März: Deutsche Truppen besetzen das Rheinland, das in
Art. 42 und 43 des Versailler Vertrags zur entmilitarisierten
Zone erklärt worden war.

1. April: In Österreich wird wieder die allgemeine Wehrpflicht eingeführt.

11. April: Csokor schreibt an Ferdinand Bruckner: »Horváth
arbeitet jetzt an einer brillanten Komödie, *Figaro läßt sich
scheiden* – eine Art Fortsetzung von *Figaros Hochzeit* –, nur
daß der berühmte Monolog des hier zum Emigranten gewor-
denen Figaro nicht mehr revolutionär, sondern kleinbürger-
lich-reaktionär klingt; erst am Schlusse findet er wieder zu
sich und damit auch wieder zu seiner Suzanne. Sein Mißge-
schick an der ›Scala‹ hat er schon überwunden. ›Man lernt nur
aus seinen Niederlagen!‹ meint er. Ich hole ihn nachts, wenn
ich zu Hause meine Arbeit abschließe, aus dem Beisel in der
Schönlaterngasse ab, wo er in einem Winkel der von Huren,
Zuhältern und Schleichhändlern bevölkerten Gaststube, ein
Glas Wein vor sich, an der Arbeit sitzt« (Cs 1,119).

15. April: Die Forderungen des Pfeffer-Verlages an Horváth
betragen insgesamt öS 1538,60.

25. April: Der österreichische Spielfilm *Buchhalter Schnabel*,
zu dem Horváth (unter dem Pseudonym H. W. Becker) das
Drehbuch schrieb, wird in Berlin uraufgeführt. Die Haupt-
rollen spielen Hans Moser, Gusti Huber und Lizzi Holz-
schuh. Regie führte J. A. Hübler-Kahla.

30. April: Uraufführung des österreichischen Spielfilms *Ren-
dezvous in Wien* mit Magda Schneider, Wolf Albach-Retty,
Adele Sandrock und Leo Slezak in Berlin; das Drehbuch

stammt von Horváth (unter dem Pseudonym H. W. Becker) und Julius Horst. Regie führte Viktor Janson.

5. Juni: Uraufführung des Films *Das Hermännchen.* Theo Rausch hatte zusammen mit Horváth (als H. W. Becker) das Drehbuch geschrieben. Regie führte Heinz Paul.

4. Juli: Aus Henndorf schreibt Csokor an Ferdinand Bruckner, daß er das neue Stück »so gut wie abgeschlossen« habe. – »Nun fand ich in gemeinsamen nächtelangen Beratungen mit Ödön Horváth auch den Titel: er ist das Datum des österreichischen Waffenstillstandes: *Dritter November 1918.*« Weiter berichtet er, daß Horváth »mit zwei ausgezeichneten Stücken zu Ende gekommen« ist, mit *Figaro läßt sich scheiden* und *Don Juan kommt aus dem Krieg.* »Ich bin glücklich darüber, denn ich halte sehr viel von ihm. Allerdings weiß ich nicht, ob er die große Anerkennung noch erleben wird. Aber kommt es darauf an?« (Cs 1,123 f.).

11. Juli: Das »Juliabkommen«, in dem »die Deutsche Reichsregierung die volle Souveränität des Bundesstaates Österreich« anerkennt, wird unterzeichnet. Art. 2 lautet: »Jede der beiden Regierungen betrachtet die im anderen Land bestehende innenpolitische Gestaltung, einschließlich der Frage des österreichischen Nationalsozialismus, als eine innere Angelegenheit des anderen Landes, auf die sie weder unmittelbar noch mittelbar Einwirkung nehmen wird.«

18. Juli: In Spanien beginnt der Bürgerkrieg.

22. Juli: Hitler sagt den spanischen Faschisten Unterstützung durch deutsche Truppen im Spanischen Bürgerkrieg zu. Die Beteiligung deutscher Soldaten behandelt Horváth (verschlüsselt) in seinem Roman *Ein Kind unserer Zeit.* – Am Abend, kurz vor seiner Abreise nach Budapest, schreibt Horváth eine Grußkarte an Csokor (Hs W 2,I.N.186.095).

27. Juli: In Berlin-Tempelhof starten die ersten Transportflug-
zeuge zur Unterstützung der spanischen Faschisten.

1. August: 86 Soldaten der Luftwaffe verlassen als erste Frei-
willige an Bord eines Dampfers Hamburg, um die spanischen
Faschisten zu unterstützen.

2. August: Beginn der IV. Olympischen Spiele in Berlin, an
denen 52 Nationen teilnehmen.

28. August: Die deutsche Reichsregierung hebt die 1000-
Mark-Sperre vom 27. 5. 1933 wieder auf.

16. Oktober: Horváth, der sich in Budapest aufhält, erbittet
in einem Brief an Franz Werfel die Erlaubnis, eine Notiz veröffentlichen zu dürfen, daß Werfel sich für die Regie von
Figaro läßt sich scheiden interessiere; Horváth meint, daß dies
»für die Plazierung und überhaupt für das Schicksal dieses
Stückes von entscheidender Bedeutung« wäre (Col).

19. Oktober: Horváth wird ins Hotel Palatinus auf der Mar-
garetheninsel eingeladen und plant, etwa drei Tage zu bleiben. »Donnerstag [22. 10.] bin ich aber sicher wieder in
Wien«, schreibt er an Csokor und berichtet, daß der ungarische Regisseur Bárdos seine Stücke lesen wolle (Hs W
2,I.N.186.096). Géza von Cziffra, der zur gleichen Zeit im
Hotel Dahlia wohnt, erinnert sich: »Ödön von Horváth
wollte sich von der Insel inspirieren lassen, er wollte über die
heilige Margaretha schreiben und über die Haseninsel, ob
einen Roman oder ein Theaterstück, das wußte er noch nicht.
[...] Er wollte ein Drama schreiben über den ungarischen
König Matthias Corvinus [...]. Immer wieder schlug er sich
mit dem Gedanken herum ein Stück *Komödie des Menschen*
zu schreiben« (Cs 1,242).

22. Oktober: Von Wien aus, wo Horváth »gut eingetroffen«
ist, schreibt er an Hans Geiringer: »ich danke Dir noch viel-
mals für all Deine Freundlichkeit, es ist wirklich rührend, wie
Du für mich gesorgt hast, und ich freu mich schon, wenn Du
mal wieder herkommst und ich mich revanchieren kann«
(WA 8,676).

3. November: Eine Vereinbarung zwischen dem Verlag Max
Pfeffer, Wien, mit Alfred Ibach als »Besitzer der beiden
Werke von Ödön von Horváth und zwar: a) *Figaro läßt sich
scheiden* b) *Don Juan kommt aus dem Krieg*« besagt, daß
Pfeffer für beide Stücke »den Subvertrieb für alle Länder«
übernimmt und auch die finanziellen Fragen regelt (HF).

12. November: Die ursprünglich für diesen Tag angekündigte
Uraufführung von Horváths »Schauspiel« *Kleine Sünden* im
›theater für 49‹ ist auf den nächsten Tag verschoben worden.

13. November: Unter dem Titel *Liebe, Pflicht und Hoffnung*
findet am ›theater für 49‹ im Hotel de France am Schottentor
in Wien die Uraufführung von *Glaube Liebe Hoffnung* statt.
Regie führt Ernst Jubal, aber »außer ein paar Prominenten –
wie Ödöns unzertrennlicher Freund Franz Theodor Csokor,
Werfel und Zuckmayer – achtet kaum jemand« auf die Aufführung, wie Hertha Pauli später berichtete (HP).

15. November: Unter der Überschrift *Unbekannter Ödön
Horváth* schreibt Richard Götz im ›Wiener Tag‹, »dieser bisher unbekannte Horváth [habe] vielleicht mehr Figur und ist
darum besser als alle bekannten«. Andere Rezensenten, etwa
im ›Echo‹, sprechen von »tiefer Schwermut«, die über dem
»dramatisch sehr wirksam« aufgebauten Stück liegt, oder
nennen Horváth einen »resoluten Realisten, dessen ungeho-
belte Bretter die Welt der Verstoßenen und Verlassenen
bedeuten«. Weiter heißt es im ›Neuen Wiener Tagblatt‹: »Oft
erhellt ein gesunder, volkstümlicher Humor die düsteren
Schatten des Spiels.«

16. November: In Berlin wird der Spielfilm *Das Veilchen vom Potsdamer Platz* mit der 21jährigen Berliner Volksschauspielerin Rotraut Richter in der Hauptrolle uraufgeführt; den 1935 gedrehten Film, an dessen Buch auch Bobby E. Lüthge mitgearbeitet hatte, inszenierte J. A. Hübler-Kahla. Motive der Geschichte von dem armen Berliner Blumenmädchen, das den Droschkengaul ihres Pflegevaters vor dem Schlächter retten will, finden sich in Horváths Prosaskizze *Ein Märchen in unserer Zeit* wieder.

26. November: In einem Brief an seine Eltern schreibt Horváth: »Es hat sich jetzt wieder allerhand verändert. Der Lönner wird mein Stück unbedingt spielen, und zwar noch vor Weihnachten. Ich müßte jetzt unbedingt noch hier aushalten, dann hätt ich ziemlich solide Chancen, auch in allerkürzester Zeit Geld zu bekommen. Aber, wie gesagt, ich muß es halt jetzt abwarten. Zur Zeit arbeite ich an einer neuen Sache, mit der ich hoffe, noch vor Weihnachten fertig zu werden –« (Le 311 f).

28. November: Über Horváths *Don Juan kommt aus dem Krieg* schreibt Csokor in einem Brief an Ferdinand Bruckner: »Die Herzenskälte als Schuld – diese Erkenntnis tötet auch Horváths modernen Don Juan, der in dreißig Frauen, die durch ihn unter die Erde gebrachte Geliebte sucht; ein Hexentanz wirbelt um ihn, den einzigen Mann des Stückes, das aus dem Kriegsende über Inflation und die dadurch korrumpierte Gesellschaft auf den Friedhof führt, in dem die Liebe begraben liegt« (Cs 1,130).

1937

29. Januar: In einem Brief an Ferdinand Bruckner berichtet Csokor, daß man zwei Stücke Horváths ins Tschechische übersetze. »Natürlich verärgert ihn die Teilnahmslosigkeit der wenigen deutschen Bühnen, die unsereins hier und in der Schweiz verblieben sind. Jetzt plant er einen Roman über die Jugend dieser Zeit, die er gegenüber ihren Vätern als eine durchaus reaktionäre Jugend sieht« (Cs 1,132 f.).

31. Januar: Horváth fährt mit Maria Ray, der Gattin des Filmregisseurs Gustav Machaty, nach Venedig; sie beziehen ein Zimmer im »Grand Hôtel d'Italie Bauer-Grünwald«.

1. Februar: Maria Ray-Machaty schreibt an Csokor und bittet ihn: »Halte Dein zartes Goscherl und erzähle niemandem, daß wir gemeinsam hierher gefahren sind, außer Du weiß es kein Mensch! Und es soll auch nie jemand wissen!« (HA)

2. Februar: Horváth fährt mit Maria Ray weiter nach Rom. Sie wohnen dort im Hotel Eden. In einem Brief an Csokor: »Unter ›ich‹ hast Du ›wir‹ zu verstehen. Ich hoffe Du verstehst es und sagst keinem, dass Du es verstehst, sonst bring ich Dich um, indem ich Dir beim nächsten Glatteis Deine Fersen entferne. Ich, d. h. ›wir‹ umarmen Dich –« (WA 8,677).

3. Februar: Horváth schreibt aus Rom eine Ansichtskarte an seine Mutter (HF).

6. Februar: Von einem Besuch in der Vatikanstadt schickt Horváth eine Ansichtskarte an seine Eltern. Dann fährt Horváth nach Wien zurück, Maria Ray nach Neapel und von dort weiter in die Vereinigten Staaten (HF).

8. Februar: Der »Präsident der Reichsschrifttumskammer« in Berlin teilt Horváth, der seit dem 1. 1. 1935 an den RDS keine Mitgliedsbeiträge mehr gezahlt hat, mit, daß er sich genötigt sehe, »die fälligen Beiträge im Wege der Zwangsbeitreibung durch das zuständige Finanzamt einleiten zu lassen« (DC).

10. Februar: Die »gebührenpflichtige Dienstsache« der ›Reichskulturkammer‹ vom 8. 2. geht mit dem Vermerk »Adressat im Ausland!« (Poststempel: »München 1 Hauptstadt der Bewegung 10. 2. 37–14«) nach Berlin zurück (DC).

19. Februar: Da sich Horváth »lt. Pfändungsprotokoll seit 2 Jahren in Wien« befindet, bittet der Mitarbeiter in der Reichsschrifttumskammer Paetzow, Horváth aus der Mitgliederliste des RDS zu streichen (DC).

22./23. Februar: Der Reichsaußenminister Konstantin Freiherr von Neurath hält sich zu einem Staatsbesuch in Wien auf und wird auch vom österreichischen Bundeskanzler Schuschnigg empfangen. In Wien finden Demonstrationen der Nationalsozialisten und Gegendemonstrationen der ›Vaterländischen Front‹ statt.

24. Februar: Horváth wird aus der Mitgliederliste des RDS gestrichen (DC).

10. März: Am Wiener Burgtheater wird Franz Theodor Csokors Schauspiel *Dritter November 1918* uraufgeführt.

11. März: In einem Eilbrief an Csokor, der gleich nach der Uraufführung wieder ins Sanatorium Wienerwald in Purkersdorf mußte, gratuliert Horváth ihm zu diesem »Tag eines ehrlichen, grossen Welterfolges« (Cs 1,145).

26. März: Der Max Pfeffer Verlag in Wien schließt für *Figaro läßt sich scheiden* mit Mariska Somló eine Vereinbarung, daß ihre »Übersetzung englischen und amerikanischen Interessenten, die der deutschen Sprache nicht mächtig sind, als Grundlage für Verhandlungen vorgelegt wird, d.h. als Grundlage für die englische Bühnenbearbeitung benützt werden« darf (Pero).

Ende März: Horváth hält sich kurz in München auf. An Csokor schreibt er (am 1. 4.): »In München war es zuhause sehr schön, aber auf der Strasse unwahrscheinlich grässlich. Dort ist selbst die Luft verblödet« (Le 312 f).

31. März: Horváth trifft abends in Prag ein, um an den letzten Proben und der Uraufführung seiner Komödie *Figaro läßt sich scheiden* teilzunehmen. Er wohnt im Esplanade-Hotel.

1. April: Horváth schreibt seinem Freund Csokor: »heute um ½12 ist Hauptprobe, morgen Generalprobe und Première. Werden sehen, wie alles wird« (Hs W 2, I.N. 186.097).

2. April: Im Rahmen der ›Literarischen Abende‹ der Kulturverbandsfreunde findet an der Kleinen Bühne des Deutschen Theaters in Prag unter der Regie von Arnold Marlé die Uraufführung von *Figaro läßt sich scheiden* statt.

3. April: Die erste Kritik über die Uraufführung erscheint im ›Prager Tagblatt‹. Unterstrichen erscheint Max Brod »(ganz im Sinne des Autors) der fröhliche menschliche Protest gegen die Ewig-Schematischen, gegen die Leute, deren Gesinnung ein Lineal ist, deren Praxis aber oft alle Moral verbiegt«.

4. April: Aus Prag kommend, trifft Horváth wieder in Wien ein. – Ludwig Winder stellt in seiner Kritik in der ›Deutschen Zeitung Bohemia‹ die Frage: »Wo steht dieser begabte Autor, dem die Berliner Kritik von 1931 ein Übermaß von Zynismus vorwarf, heute? Seine neueste Komödie [...] läßt diese Frage unbeantwortet [...]. In seinem Stück ist kein Zorn und kein

Jubel, keine Entrüstung und keine Genugtuung verborgen.
Dieser Autor blickt nicht nach links und nicht nach rechts,
sondern geradeaus ins Publikum. [...] Die Pointen schlugen
ein wie humorvoll arrangierte Gartenfestblitze. Sie weckten
Behaglichkeit und machten vergessen, daß wir in einer ge-
fährlichen Zeit leben.« Otto Pick schreibt in der ›Prager
Presse‹: »Horváths Kritik gilt dem Untermenschentum ohne
Unterschied der politischen Färbung. Indem er der überpoli-
tisierten Menschheit in Erinnerung bringt, daß die Welt im
Menschen anfängt, bekennt auch er sich zur Politik – zur
Politik der Menschlichkeit.«

21. April: »Gegen Zahlung eines Betrages von 300.– S« erwirbt der Georg-Marton-Verlag von Horváth eine Option
auf seine »Dramatisierung« des Romans *Szelistye, das Dorf
ohne Männer* von Kálmán Mikszáth. Innerhalb von vier Tagen »nach erfolgter Einreichung des Manuskriptes« will sich
Marton entscheiden, ob er die Vertriebsrechte übernimmt.
Ein Vertriebsvertrag liegt dem Schreiben Martons bei. Im
Falle eines positiven Entscheids erhält Horváth 700 Schillinge
und bei Annahme des Stückes durch eine der Wiener Bühnen
nochmals 1500 Schillinge. Die eingehenden Tantiemen werden zwischen den Erben Mikszáths und Horváth 30 : 70
geteilt. Falls Marton von der Option keinen Gebrauch macht,
sind die 300 Schillinge zu »refundieren« (HF).

22. April: Horváth schließt mit dem ›Wiener Operetten Verlag‹ einen Vertrag über sein neues Stück *Der jüngste Tag* und
kassiert einen Vorschuß von 500 Schilling. Innerhalb dieses
Vertrags wird auch Horváths nächstes Stück optiert. Horváth
erhält einen Vorschuß von 500 Schillingen. Bei Annahme des
Stückes durch eine Bühne in Wien, Zürich oder Prag wird ein
weiterer Vorschuß von 500 Schillingen fällig; falls das Wiener
Burgtheater das Stück zur Aufführung annimmt, wird der
Vorschuß auf insgesamt 2000 Schillinge erhöht. 5% aller eingehenden Tantiemen werden zur Tilgung von Horváths
Schulden an Alfred Ibach abgeführt.

23. April: Horváth unterschreibt den Vertrag über *Ein Dorf ohne Männer*, streicht aber den Absatz, daß der Autor die Kosten der Vervielfältigung zu tragen habe (HF).

24. April: In Prag findet die fünfte und letzte Vorstellung von *Figaro läßt sich scheiden* statt.

26. April: Marton bestätigt das Schreiben Horváths vom 23. April und den Erhalt des unterzeichneten Vertrages. Er hat Horváths »Wunsche gemäss aus dem Bühnenvertriebsvertrag die Stelle über den Abzug der Druckkopiatur- und Materialanschaffungskosten gestrichen; ebenso auch jenen Punkt, wonach die Kosten der Drucklegung der Autor trägt« (HF).

22. Mai: Das Wiener ›Echo‹ kündigt die Uraufführung von Horváths *Dorf ohne Männer* im Theater in der Josefstadt für die Saison 1937/38 an. »Die Besetzung steht naturgemäß noch nicht fest, doch enthält das Stück Rollen für Rose Stradner, Attila Hörbiger und Hans Moser.«

30. Mai: Franz Theodor Csokor will seinen Freund Horváth zu einem Spaziergang abholen, Horváth aber weigert sich: »›Ich gehe heute morgen nicht aus. Ich soll Ende Mai oder Anfang Juni durch einen Unfall ums Leben kommen.‹ Und dann fügte er hinzu: ›Warum fürchten sich die Menschen im finsteren Wald – warum nicht auf der Straße?‹« erinnert sich Csokor später (Cs 2,14).

9. Juni: Bernhard Diebold, der früher als Kritiker der ›Frankfurter Zeitung‹ in Berlin tätig war und dann in die Schweiz emigrierte, richtet in seiner Eigenschaft als »artistischer Leiter des Filmstoff-Vertriebs THEMA« an Horváth die Anfrage, ob er nicht eine »fabelhafte Filmidee« habe, »original aus der Luft gegriffen oder aus einem Ihrer Meisterwerke abgeleitet« (HA).

11. Juni: Uraufführung des Films *Peter im Schnee*, zu dem Horváth (unter dem Pseudonym H. W. Becker) das Drehbuch geschrieben hatte. Regie führte Carl Lamac.

13. Juni: Das ›Neue Wiener Journal‹ berichtet: »Alma Mahler-Werfel und Franz Werfel veranstalteten dieser Tage ein Gartenfest, verbunden mit einem Heurigenabend, zu dem die Elite der Wiener Gesellschaft geladen war. Die Gastgeber machten, unterstützt von ihrer Tochter Anna Mahler, in der liebenswürdigsten Weise die Honneurs und empfingen die Eingeladenen.« Minister, Botschafter, Fürsten, Prinzen, Grafen und Barone, Hofräte, Professoren, Direktoren, Schauspieler, Verleger und Schriftsteller waren erschienen, unter ihnen auch Csokor und Horváth.

17. Juni: Der Rechtsanwalt Arthur Seyss-Inquart, ein Nationalsozialist, wird von Bundeskanzler Schuschnigg zum Staatsrat ernannt und mit der »Angelegenheit der Befriedung der nationalen Kreise« betraut.

4. Juli: »Am Josefstädter Theater gespielt zu werden, das ist schon der halbe Erfolg«, kommentiert der ›Pester Lloyd‹ die Ankündigung »Ödön von Horváth dramatisiert einen Roman von Mikszáth«. Allerdings setze eine Aufführung an einem großen Theater »ein wenig voraus, daß der Autor ausgeglichener geworden ist und nicht von vornherein eine Angriffsstellung gegen Gesellschaft und Menschen einnimmt«.

6. Juli: Horváth meldet sich in Henndorf im Gasthof Bräu an, wo er bis zum 6. 9. gemeldet bleibt (HF).

10. Juli: Aus Henndorf bedankt sich Horváth brieflich bei Georg Marton dafür, daß dieser auf seinen Vorschlag eingegangen ist, und bittet darum, von der Optionsgebühr 27.55 Schilling abzuziehen, » – der brave Csokor, der es für mich in Wien auslegte, wird es abholen. [...] Mein neues Stück werden Sie in zwei Wochen haben« (HF).

13. Juli: Horváth meldet sich von seinem bisherigen Wohnsitz – Wien 1., Dominikanerbastei 6/4/11 – ab nach »Deutschland« (D b 137).

Horváth schließt mit dem Verlag Allert de Lange einen Vertrag über seinen »nächsten Roman« und »erhält eine Garantie von Hfl 500.–, von denen ⅓ bei Unterschrift des Vertrages fällig ist; die übrigen ⅔ werden nach Ablieferung eines Teils des Manuskripts in 2 monatlichen Raten ausgezahlt«. Als Ablieferungstermin wird der 1. 12. 1937 vereinbart (HA).

14. Juli: Georg Marton überweist Horváth »express S 300,– als Vorschuss auf Ihr nächstes Stück (zu den gleichen Bedingungen wie *Dorf ohne Männer*)« (HF).

22. Juli: Der Schriftsteller und Historiker Karl Tschuppik, der Horváths Trauzeuge war und zu dessen Freunden Joseph Roth, Anton Kuh und Klaus Mann zählten, stirbt im Alter von 51 Jahren in Wien.

Sommer: Ödön von Horváth trifft sich des öfteren mit Erich Kästner, Walter Trier, Walther Mehring u. a. in Salzburg (HP).

5. August: Aus Henndorf berichtet Csokor seiner Freundin Lina Loos, daß »hier ungeheur fleißig gearbeitet [wird] – kaum, daß man zum Schwimmen kommt. Ödön schreibt an einem neuen Roman, den er *Ein Kind unserer Zeit* nennen will«. Csokor schildert auch eine Einladung bei Max Reinhardt in Leopoldskron. »Der Professor machte Ödön den Vorschlag, einen *Jedermann*-Film zu schreiben, der in Hollywood große Chancen besäße [...] (Cs 1,147ff.).

August: In *Kürschners Deutschem Literatur-Kalender 1937/38,* dessen »alphabethische[s] Verzeichnis der Schriftsteller [...] mit den Bestimmungen der Reichsschrifttumskammer in Einklang« gebracht worden war, wird Horváth als Mitglied des P.E.N., des Verbandes Deutscher Bühnenschriftsteller und der Gesellschaft für Senderechte aufgeführt mit dem Vermerk »Adresse unbekannt«.

6. September: Horváth meldet sich im Gasthof Bräu in Henndorf ab und fährt nach München, will »aber nur 2 Tage bleiben, dann weiter nach Amsterdam auf 3–4 Tage, wieder zurück und dann nach Prag« zur Uraufführung seines Lustspiels *Ein Dorf ohne Männer* (WA 8,677).

  In München wagt er kaum mehr die Wohnung der Eltern zu verlassen; er fühlt sich beschattet und verfolgt (B Fahr).

9.–13. September: Horváth hält sich in Amsterdam auf.

10. September: Aus Amsterdam schreibt Horváth an Csokor eine Ansichtskarte (»Raadhuisstraat m. Kon. Paleis«) und teilt ihm mit, daß er bis Montag, dem 13. 9., noch in Amsterdam bleiben werde. Dann fährt er weiter »nach Prag und dann nach Henndorf, allwo ich bis Mitte November bleiben werde« (Hs W 1, I.N. 186.610).

24. September: Im ›Prager Mittag‹ erscheint ein Interview mit Horváth, in dem er den Inhalt seines Lustspiels *Ein Dorf ohne Männer* wiedergibt: »Es schildert Anfang und Ende, Voraussetzungen und Auswirkungen einer mittelalterlichen Korruptionsaffäre … mit und ohne Kritik. Ein braver König weigert sich, seine tapferen Soldaten in ein männerloses Dorf zwecks Geburtenhebung zu entsenden, weil die Frauen von abscheulicher Häßlichkeit sind. Mit Hilfe einer List gelingt aber doch das Vorhaben zumindest teilweise. Mehr möchte ich vor der Premiere nicht sagen.« – Am Abend findet im ›Neuen Deutschen Theater‹ in Prag die Uraufführung statt. Regie führt Max Liebl.

14. Oktober: In Prag findet die vierte und letzte Vorstellung von Horváths *Dorf ohne Männer* statt.

15. Oktober: Horváth schreibt an Csokors Freund Dr. Paul Fent, daß er bis Ende November sicher noch in Henndorf bleiben werde, um zu arbeiten (B Pr).

26. Oktober: Im Allert de Lange Verlag beginnt der Versand von Horváths Roman *Jugend ohne Gott.* – Aus Henndorf schreibt Horváth an Csokor: »– – ich habe das Buch jetzt nochmals so für mich gelesen, und ich kann mir nicht helfen: mir gfallts auch! – – Es ist mir dabei noch etwas aufgefallen, nämlich dass ich, ohne Absicht, auch zum erstenmal den sozusagen faschistischen Menschen (in der Person des Lehrers) geschildert habe, an dem die Zweifel nagen – – oder besser gesagt: den Menschen im faschistischen Staate« (Le 314).

28. Oktober: Horváth schreibt nach Budapest an Jolan von Hatvany, der er ebenfalls ein Exemplar seines Romanes hatte zusenden lassen. »Bin schon sehr neugierig, was Sie dazu sagen werden!« (Le 314)

Ende Oktober (?): Horváth schickt ein Exemplar seines Romans *Jugend ohne Gott* an seine Freundin Wera Liessem. »Ich bin froh, daß es Dir gefällt und grüsse Dich in Freundschaft« (HA).

1. od. 2. November: Horváth verwirft nahezu alle Bühnenstücke, die in den Jahren 1932 bis 1936 entstanden sind, und stellt sich »zur Rechtfertigung und Selbstermunterung« die Aufgabe, »frei von Verwirrung die Komödie des Menschen zu schreiben [...] eingedenk der Tatsache, daß im ganzen genommen das menschliche Leben immer ein Trauerspiel, nur im einzelnen eine Komödie ist« (D d 192 f.).

2. November: Unter dem Titel *Ein Knabe stirbt* veröffentlicht das ›Prager Tagblatt‹ das Kapitel *Ein Tormann* aus Horváths *Jugend ohne Gott.*

6. November: Thomas Mann notiert in seinem Tagebuch:
»Nachts Ö. von Horwaths ›Jugend ohne Gott‹; reizvoll« (MT
2,127).

14. November: Nach der Lektüre von Horváths Roman
schreibt Thomas Mann an seinen Verleger Gottfried Bermann
Fischer: »Schade, daß Horváth Ihnen nicht seine *Jugend ohne
Gott* gegeben hat; das war das zweite Buch, das mir in letzter
Zeit lebhaften Eindruck gemacht hat« (MB 138).

24. November: In Henndorf findet Horváth, wie er an Csokor schreibt, »einige begeisterte Briefe über meinen Roman
vor, so von Hatvany, über den ich mich besonders freue. Thomas Mann hat Zuckmayer geschrieben, daß er den Roman für
das beste Buch der letzten Jahre hält« (WA 8,677 f.).

25. November: Horváth dankt Lajos von Hatvany für den
Brief, die positive Reaktion auf seinen Roman und »für die
Einladung, über die ich ganz gerührt bin, denn ich bin ein
perverser Mensch und möchte gerne wiedermal nachhaus,
auch wenn ich deutsch schreibe – –« (Le 314 f.).

28. November: In der ›Basler National-Zeitung‹ erscheint unter der Überschrift *Ein Buch von Morgen* die Rezension von
Franz Theodor Csokor über Horváths *Jugend ohne Gott*. Sie
schließt mit den Sätzen: »Diese Zeit wird wenig hinterlassen
von Werken, die sich ihr entrangen zu dauernder Bewährung!
Unter diese aber zählt Oedön von Horvaths Roman.«

30. November: Mit Allert de Lange schließt Horváth einen
Vertrag »für die deutsche Ausgabe seines nächsten Romans«,
dessen Manuskript bis zum 1. 8. 1938 abzuliefern ist (D b
130).

5. Dezember: Als »Modernes Mysterium mit Musik in zwei
Teilen« wird Horváths *Himmelwärts* in einer Matinée-Vor-

stellung der ›Freien Bühne in der Komödie‹ uraufgeführt. Die »autorisierte Bühnenbearbeitung und Gesangstexte« stammen von Philipp von Zeska, die Musik von J. C. Knaflitsch. Regie führte Peter Michel.

7. Dezember: Im ›Wiener Tag‹ kritisiert Oskar Maria Fontana *Himmelwärts* – »noch ein Versprechen, wohl amüsant und oft zündend, aber als Ganzes noch zerflatternd und sucherisch« – als einen großen Erfolg des Theaters. Zugleich rezensiert Fontana auch den Roman *Jugend ohne Gott*: »Hier gewinnt er apokalyptische Gewalt, hier hört man – zum ersten Mal bei Horvath – den Herzschlag echter Ergriffenheit, hier ist seine spielerische Leidenschaft zur Gestalt und zum Gleichnis gebändigt.«

11. Dezember: Horváth schreibt aus Henndorf an Csokor, dem es gesundheitlich nicht gut geht, und rät ihm zu einem Heilaufenthalt in Purkersdorf oder Schärding. Aus dem Gasthof Bräu berichtet er: »Neulich erzählte mir der Gendarm, er hätte die verschleierte schwarze Dame gesehen, er ist ihr nachgerannt, aber sie ist plötzlich verschwunden. Was sagst Du jetzt? Höher gehts nimmer!« (WA 8,679)
    Im Deutschen Theater in Mährisch-Ostrau findet die Uraufführung des Schauspiels *Der jüngste Tag* statt. Regie führt Paul Marx.

14. Dezember: Horváth beglückwünscht Csokor zu dessen Rede im ›Schutzverband österreichischer Schriftsteller‹ über die Gefährdung aller humanistischen Werte durch unmenschliche Doktrinen und über das Österreich bedrohende Unheil. Eine Rede »von einem echtem [!] grossem [!] Dichter unserer Zeit mit dem menschlichen Mut, der seelischen Sauberkeit gegen den Wahn, die Schlagworte der Blödheit dieser Zeit!« (WA 8,680).

29. Dezember: Horváth schreibt zum Jahreswechsel an Csokor, daß er noch bis Ende Januar in Henndorf bleiben werde (WA 8,680).

Bei Jolan von Hatvany bedankt er sich nochmals für die Einladung nach Budapest und kündigt an, er »werde dann das neue Buch, das ich jetzt schreibe, gleich mitbringen und nichts Böses ahnend vorlesen« (Le 315 f.).

Im Deutschen Theater in Mährisch-Ostrau findet die vierte und letzte Vorstellung des *Jüngsten Tages* statt. Der Zuschauerraum faßt 800 Besucher.

1938

1. Januar: Im ›Neuen Tage-Buch‹ rezensiert Alfred Döblin
O. M. Grafs Roman *Bolwieser*, Friedrich Torbergs *Abschied*
und Horváths *Jugend ohne Gott*.

8. Januar: Horváth erhält in Budapest einen Heimatschein
ausgestellt auf den Namen Josef Ödön von Horváth (HF).

10. Januar: Die Gestapo Berlin übersendet ein Exemplar von
Horváths *Jugend ohne Gott* »mit der Bitte, es wegen seiner
pazifistischen Tendenz auf die Liste des schädlichen und unerwünschten Schrifttums zu setzen« an den »Herrn Präsidenten der Reichsschrifttumskammer« (Mat. JoG 248).

25. Januar: Mit »der Bitte um Prüfung«, ob *Jugend ohne Gott*
»wegen seiner pazifistischen Tendenz in die Liste des schädlichen und unerwünschten Schrifttums einzureihen ist«, wird
Horváths Roman an den ›Reichsminister für Volksaufklärung
und Propaganda‹ weitergeleitet (Mat. JoG 249).

28. Januar: Aus Schärding, wo Horváth sich zur Kur aufhält
und seinen »blöden Magen« kuriert, schreibt er an Jolan von
Hatvany, daß er die Absicht habe, »Anfang oder Mitte März
nach Budapest« zu fahren. »Ich hab einen neuen Roman
geschrieben, der auch bei Allert de Lange erscheinen wird«
(Le 158).
  Csokor schreibt an Bruckner, daß von Horváths Buch *Jugend ohne Gott* Übersetzungen ins Französische, Englische
und Kroatische vorbereitet würden. »Und jetzt vollendet er
ein neues über einen Kriegsfreiwilligen der Diktatur, der all-
mählich entdeckt, daß er an die falsche Front geraten ist« (Cs
1,158).

7. Februar: Dr. Hövel vom Propagandaministerium teilt dem
»Herrn Präsidenten der Reichsschrifttumskammer« mit, daß
die Überprüfung von Horváths Roman veranlaßt wurde
(Mat. JoG 250).

12. Februar: Offizieller Besuch des österreichischen Bundeskanzlers Schuschnigg bei Hitler im Berghof auf dem Ober-
salzberg.

14. Februar: Horváth schreibt an Jolan von Hatvany nach
Budapest und bedankt sich für die Einladung. »Ich werde
auch rechtzeitig schreiben, wann ich eintreffen werde« (Le
316f.).

15. Februar: Aus Schärding kommend, meldet sich Horváth
in der Pension Atlanta in Wien (9., Währingerstr. 33) an (und
bleibt dort bis zum 12. 3. gemeldet) (D b 137).

16. Februar: Der österreichische Bundeskanzler Schuschnigg
bildet sein Kabinett um. Der nationalsozialistische Rechtsanwalt Arthur Seyß-Inquart wird Minister für Inneres und
Sicherheitswesen.

ca. 20. Februar: Horváth schreibt an Franz Werfel und dessen
Frau nach Capri einen Brief, wo Werfel seit Jahresbeginn eine
Suite des Hotels Morgan & Tiberio Palace bewohnt (Brief Hs
v. 23. 4. 38/ Jungk 247).

Ende Februar: Alma Mahler-Werfel lädt Horváth, Csokor,
das Ehepaar Zuckmayer und Maria Salata, die Tochter des
italienischen Gesandten, ins jüdische Restaurant Neugröschl
ein. »Es war fast leer, und die Wirtin weinte vor Freude, weil
sie endlich wieder ›lachen hörte‹« (Mah 230).

7. März: Dr. Erich Greiner, Ministerialdirektor im ›Reichsministerium für Volksaufklärung und Propaganda‹ teilt dem

Präsidenten der Reichsschrifttumskammer Hanns Johst mit, daß er mit der Aufnahme von Horváths *Jugend ohne Gott* »in die Liste des schädlichen und unerwünschten Schrifttums« einverstanden ist (Mat. JoG 251).

9. März: Bundeskanzler Schuschnigg ordnet für den 13. März in ganz Österreich eine Volksbefragung an für »ein freies und deutsches, unabhängiges und soziales, für ein christliches und einiges Österreich«. – Horváth entschließt sich zur Emigration. Er telegrafiert an das Ehepaar Hatvany in Budapest: »Hocherfreut, Eintreffe Montag [d. i. 14. 3.] abend. Empfehlungen und Handküsse, Horváth« (Le 317).

11. März: Demonstrationen in ganz Österreich. Nationalsozialistische Formationen und Hakenkreuzfahnen beherrschen das Straßenbild Wiens. Egon Friedell, einige Freunde, unter diesen auch Horváth, sind beim Nachmittagstee im Salon der Bertha Zuckerkandl in der Oppolzergasse im 1. Bezirk. – Um 19.50 Uhr erklärt der österreichische Bundeskanzler Schuschnigg seinen Rücktritt und verabschiedet sich in einer Rundfunkansprache vom österreichischen Volk. Ödön von Horváth und sein Bruder Lajos, Csokor, Alexander Lernet-Holenia, Zuckmayer, der Dramaturg Franz Horch und der Regisseur Albrecht Joseph treffen sich in einer »neutralen Wohnung«. Carl Zuckmayer erinnert sich: »Sehr bald gewann eine Art von Galgenhumor die Oberhand. Es ging zwar ums Leben oder um die Frage, wie man es retten könnte, aber diese letzte Gemeinsamkeit ließ uns mit einigem Witz und Anstand darüber wegjonglieren« (Zuck 62 f.).

12. März: Einmarsch deutscher Truppen in Österreich, gefolgt von starken Polizeikräften, SS-Einheiten und Gestapo. Am Vormittag landen deutsche Luftwaffeneinheiten am Flughafen Wien-Aspen. In den Abendstunden nähert sich die Spitze der deutschen Truppen dem Stadtrand von Wien. Horváth besucht, zusammen mit Csokor, Hertha Pauli und Carl

Frucht. »Während draußen die Nationalsozialisten durch Wien zogen und die Stadt in Besitz nahmen, trat er in mein Zimmer mit der Frage: ›San's net tierisch?‹ Es klang ruhig und gelassen wie immer, aber ganz und gar nicht mehr vergnügt. So saßen wir vier bis in die Nacht hinein [. . .] und besprachen die Möglichkeiten zur Flucht« (Pauli 25).

13. März: Das Gesetz über die Wiedervereinigung Österreichs mit dem Deutschen Reich tritt in Kraft, in dessen Art. I es heißt: »Österreich ist ein Land des Deutschen Reiches.« – Horváth und sein Bruder Lajos treffen sich abends noch mit Franz Theodor Csokor, dann verläßt Horváth in einem Bus Wien und Österreich. Nachts trifft er in Budapest ein und nimmt für eine Nacht im Hotel Pannonia ein Zimmer.

14. März: Frühmorgens meldet sich Horváth telefonisch aus dem Hotel Pannonia. Ein Wagen mit Chauffeur holt ihn im Hotel ab und bringt ihn in das kleine Palais von Hatvanys am Bécsi kaput tér in Ofen (B JvH).
  Hitler trifft in Wien ein.
  In Berlin ergeht an die Gestapo Befehl, die »etwa im Reichsgebiet auftauchenden Exemplare« von Horváths Roman *Jugend ohne Gott* »einziehen und sicherstellen zu wollen«. – Gleichzeitig wird dem Propagandaministerium mitgeteilt, daß der Roman in die »Liste des schädlichen und unerwünschten Schrifttums eingereiht und die Beschlagnahme der etwa auftauchenden Exemplare im Reichsgebiet veranlasst« wurde (Mat. JoG 252).

15. März: Auf einer Kundgebung auf dem Heldenplatz in Wien spricht Hitler vom Balkon der Hofburg aus zu der jubelnden Menge.

17. März: Franz Theodor Csokor emigriert aus Wien.

18. März: Aus Chorzow im oberschlesischen Bergbaugebiet, »eine[r] schnaubende[n], zischende[n], rasselnde[n] Hölle voll Ruß und Dreck«, schreibt Csokor an Horváth nach Budapest: »Nach dem vorgestrigen Abschied von Dir war ich noch bei den wenigen gewesen, die mir in Wien nahestanden, Lina [Loos] vor allem, Hertha [Pauli], Carli [Frucht], die Fontanas und die Grete Wiesenthal.« Er schließt seinen Brief mit dem Satz: »Jetzt liegen freie Länder zwischen uns. Auf Wiedersehen also mit Deinem neugeborenen Franz Theodor« (Cs 1,166 f.).

23. März: »Gott, was sind das für Zeiten! [...] Man müsste ein Nestroy sein, um alldas definieren zu können, was einem undefiniert im Wege steht!« schreibt Horváth aus Budapest an seinen Freund Csokor (WA 8,680 f.).

25. März: Csokor schreibt an Horváth: »Man spaziert in einem Leben ohne Geländer unter einem freien Himmel, durch fremde Straßen unter einer fremden Sprache, und die Leute, denen man begegnen will, sucht man sich aus, der Zufall der Zeugung spielt da keine Rolle, Verwandte gibt es für uns jetzt nurmehr im Geist oder in der gleichen Gesinnung, die auch uns über die Grenze trieb« (Cs 1,168).

29. März: Horváth teilt Csokor mit, daß er am nächsten Tag in die Tschechoslowakei nach Teplitz-Schönau fahre, um die Schauspielerin Lydia Busch zu besuchen. »Wie lange ich dort bleibe, weiß ich noch nicht. Ich habe mir auf alle Fälle das polnische Visum geben lassen und vielleicht werde ich Dich in Chorzow besuchen können. [...] Von Prag will ich allerhöchstwahrscheinlich nach Amsterdam fliegen, da gibt es ein direktes Flugzeug« (Le 318).

31. März: An Jolan von Hatvany schreibt Horváth aus Teplitz-Schönau: »Ich denke soviel an Euch und es wird mir immer rührender um das Herz herum, wenn ich so denke, wie lieb und gut Ihr zu mir wart, wie schön es bei Euch gewesen ist.« Er plant ein Treffen in etwa vier bis fünf Wochen in Italien; »in zirka zwei Wochen, solang bleib ich noch hier«, will Horváth von Prag nach Amsterdam fliegen (Le 319).

7. April: An Jolan von Hatvany schreibt Horváth, er warte noch immer auf die Entscheidung, ob er »über Italien fahre, oder direkt fliege – –« (Le 319).

14. April: Aus Teplitz-Schönau schreibt Horváth an Jolan von Hatvany: »Ich würde mich riesig freuen, wenn wir uns in Budapest sehen könnten! In der Woche nach Ostern [17. und 18. 4.] werde ich losfahren müssen« (Le 320).
 Seiner Schwägerin Gustl von Horváth, geb. Emhardt, schickt er eine Osterkarte: »Behalte mich in gutem Angedenken, ich bin jetzt zum Weltreisenden geworden – um von München nach Possenhofen zu fahren, brauch ich solang wie eine Brieftaube, die zu Fuss geht« (Pr)

15. April: Ende nächster Woche (22./23. 4.) will Horváth »nach Zürich und Amsterdam, über Budapest, Jugoslawien und Milano. Jaja, die Welt wird immer grösser«, schreibt er an Csokor. »Wo ich landen werde, weiss ich noch nicht. Am liebsten würde ich in die französische Schweiz fahren oder in Frankreich irgendwo in der Nähe von Genf am Alpenrand sitzen. Ich hab ein neues grosses Buch vor«, *Adieu, Europa!* (Le 320 f.).

17. April: Horváth antwortet Csokor auf dessen beide Briefe und teilt ihm mit, daß es »nun plötzlich doch leider unsicher« geworden sei, wann er nach Amsterdam fahre: »Entweder in allernächster Zeit – – oder ich bleibe noch hier sicher zwei Monate. Dann werden wir uns ja sicher sehen, dann komme ich sicher zu dir!« (Le 321 f.)

22. April: Auch Jolan von Hatvany teilt Horváth mit, daß er möglicherweise noch zwei Wochen in Teplitz-Schönau bleiben müsse, »aber dann fahre ich sicher über Budapest – Milano nach Zürich usw.« (Le 322).

23. April: Horváth schreibt an Alma Mahler-Werfel nach Zürich »eingeschrieben, damit Du diesen Brief sicher bekommst. [...] Ich schreibe ein neues Buch, ein (dem Umfang nach) ganz großes. Mein zweiter Roman erscheint im Mai bei Allert de Lange. Er ist bereits aus dem Manuskript fürs englische erworben worden – vom Methuen-Verlag in London. Desgleichen das erste.« Er kündigt an, in zirka zehn Tagen für drei bis vier Tage in Zürich zu sein. Aber wegen der Spannungen zwischen Alma Mahler-Werfel und ihrer Schwägerin Mizzi Rieser, in deren Haus das Ehepaar Werfel wohnt, verlassen sie am 29. 4. Zürich und fahren nach Paris (Col/Jungk 252 u. 412).

24. April: Auf einer Versammlung der Sudetendeutschen Partei in Karlsbad (ČSR) verkündet Konrad Henlein die »Karlsbader Forderungen« nach völliger Gleichberechtigung der deutschen Bevölkerung in der Tschechoslowakei.

4. Mai: Auf »dem direkten Weg Prag – Budapest – Jugoslawien – Trieste – Venezia« trifft Horváth in Mailand ein und fährt noch am selben Tag weiter nach Zürich, wo er sich mit Wera Liessem treffen wird, wie er aus Mailand an Csokor schreibt (Le 322 f.).

7. Mai: »Nach langer Fahrerei« schreibt Horváth aus Zürich an Csokor: »Hier, in der Schweiz, ist es sehr still und friedlich, kaum vorstellbar für unsereinen. Die Villen der Millionäre liegen in wunderschönen Gärten, und lieblich lächelt der See – – wie lange, wie lange noch?« Mit dem Verleger Oprecht bespricht Horváth die Möglichkeit einer Buchausgabe von Csokors Loyola-Drama *Gottes General* (WA 8,681 f.).

Ulrich Becher berichtet: »Er war fast ohne Gepäck. Seinen neuen Status, den des Emigranten, ins Kalkül stellend, mietete er ein sehr bescheidenes Stübchen nahe dem Bellevue Zürich, über dem von einem Italiener bewirtschafteten Restaurant Terminus« (Becher 113).

16. Mai: Horváth teilt Csokor mit, daß er mit Emil Oprecht gesprochen habe. »Er hat auch einen Bühnenvertrieb und er würde Deine Stücke drucken − −« (Le 324).

18. Mai: Während eines Zwischenaufenthaltes in Brüssel schreibt Horváth aus der »ganz herrliche[n] Stadt« Grußkarten an Csokor und das Ehepaar Hatvany (Le 324 f.).

19. Mai: Horváth trifft, aus Brüssel kommend, in Amsterdam ein. Er wohnt Jan Villem Brasmerstraat 21.
Im Verlag Allert de Lange, Damrak 62, plant er vor allem Gespräche mit Walter Landauer, der zusammen mit A. P. J. Kroonenberg seit 1933 die geschäftliche Leitung des Verlags innehatte. Walter Landauer war bis zu seiner Emigration im Kiepenheuer-Verlag in Berlin tätig. Der künstlerische Leiter des Allert de Lange Verlags ist Hermann Kesten. −
Aus Amsterdam schreibt Horváth an Jolan von Hatvany: »Ich bleibe noch 10−14 Tage hier, dann fahre ich wieder in die Schweiz und werde dort irgendwo ein paar Monate bleiben, um ein neues Buch zu schreiben. Ein anderes neues [*Ein Kind unserer Zeit*] erscheint hier in acht Tagen« (WA 8,682).

20. Mai: An Hans Geiringer schreibt Horváth aus Amsterdam, daß er noch acht Tage in Amsterdam bleiben wolle. »[...] bin nach einer Weltreise erst seit gestern hier − morgen geht das Buch an Dich ab« (WA 8,683).

22. Mai: Horváth widmet »Frau Elisabeth Becher mit vielen herzlichen Grüssen« ein Exemplar von *Jugend ohne Gott* (Pr).

In der ›Washington Post‹ bespricht Klaus Mann Horváths
Roman, der »alle geheimnisvollen Eigenschaften und Reize
der wirklichen Dichtung« habe.

23. Mai: Auch Csokor teilt Horváth den 27. (»Freitag abend«)
als Abreisedatum mit, »dann fahre ich nach Paris auf 4–5
Tage und von dort wieder nach der Schweiz zurück. Ich werde
den Sommer über in der Schweiz bleiben, in einem kleinen
Dorf, und werde dort arbeiten« (Le 325).

27. Mai: Horváths Roman *Ein Kind unserer Zeit* wird ausge-
liefert.

28. Mai: Horváth trifft, aus Amsterdam kommend, in Paris
ein. »Ich bin nur auf der Durchreise hier«, soll er gesagt
haben. Gespräche mit seinem französischen Übersetzer Armand Pierhal, mit dem Regisseur Robert Siodmak, Treffen
mit Ernst Josef Aufricht, der Horváths Stücke *Italienische
Nacht* und *Kasimir und Karoline* in Berlin herausgebracht
hatte, mit Walter Mehring und Hertha Pauli, Besuche bei
Alfred Döblin und einer russischen Agentin stehen auf dem
Programm. – Horváth wohnt im Hôtel de l'Univers, rue
Monsieur le Prince 63, wo auch Hertha Pauli und Walter
Mehring Zimmer gemietet haben. – ›Das Neue Tage-Buch‹
veröffentlicht eine Notiz, daß Horváths Roman *Jugend ohne
Gott* »in französischer Uebersetzung im Verlage Plon, in eng-
lischer Uebersetzung im Verlage Methuen & Co., ferner in
tschechischer, polnischer, holländischer und spanischer Spra-
che« erscheint.

30. Mai: Horváth telefoniert mit Armand Pierhal, um einen
Termin zu vereinbaren. Sie verabreden sich für den 2. Juni. –
Horváth schreibt seinem Bruder Lajos eine Karte nach Zürich
und kündigt seinen Besuch für Pfingsten (5. Juni) an (Dd
208).

31. Mai: Am Abend feiern Hertha Pauli, Carl Frucht, Walter Mehring und Horváth im Hôtel de l'Univers und schreiben an Csokor eine Karte. Zur selben Stunde schreibt Csokor in einem Brief an Horváth: »Ich allein fehle jetzt unter Euch Gästen des Hotel de l'Univers, und sehnsüchtig luge ich westwärts in den roten Rauch des Sonnenuntergangs hinter den schwarzen Wäldern nach dem Sixième hinüber, wo Ihr im Bistro eben diskutiert, wann und wie wir in die Heimat wiederkehren werden –? Ich glaube – nie!« (Cs 1,184ff.)

1. Juni: Horváth frühstückt zusammen mit Walter Mehring auf der Terasse des Café Mathieu, Ecke Boulevard St.Michel/rue Soufflot. – Armand Pierhal beginnt mit der Übersetzung von Horváths Roman *Jugend ohne Gott.* In seinem Arbeitstagebuch notiert er: »15 h 15: Traduction Jugend ohne Gott de Horvath, (débuts)«. – Nachmittags sieht Horváth sich im Cinéma Marignan Walt Disneys *Snow White and the Seven Dwarfs* an. Nach Ende der Vorstellung trifft sich Horváth mit Robert Siodmak und dessen Frau auf der Terrasse des Café Marginan. Gegen 19 Uhr verabschiedet er sich und geht zu Fuß ins Hotel zurück. In Höhe der Avenue Marigny überquert Horváth die Champs-Elysées. Es ist 19 Uhr 25. Ein plötzlicher Sturm kommt auf, Horváth sucht Schutz unter den Bäumen gegenüber dem Théâtre Marigny. Da trifft ihn ein stürzender Ast und zerschlägt ihm das Hinterhaupt. Horváth ist sofort tot. Sein Leichnam wird in die Clinique Marmottan, rue d'Armaillé 19, gebracht.

2. Juni: Zahlreiche Pariser Zeitungen u. a. der ›Paris-Soir‹ berichten über den Sturm, durch den am Vorabend ein Passant auf den Champs-Elysées getötet und eine Passantin im Bois de Vincennes verletzt wurde.

3. Juni: Hermann Kesten schreibt aus Paris an Walter Landauer: »Mehring erzählte mir gestern den schreckensvollen Unfall des armen Horvath. Ich bin die ganze Zeit her wie betäubt. Was macht man sich für öde Sorgen, womit füllt man sein Leben, und so schaut unser Ende aus, so sinnlos und brutal. Den ganzen Tag sehe ich den Horváth vor mir, wie ich ihn in Berlin erblickt habe, vor sechs oder sieben Jahren, ich ging mit ihm die Tauentzienstraße lang, ich höre ihn noch sprechen, lachen. Daß uns die SS verfolgt, wissen wir. Aber daß schon die Bäume auf den Champs Elysées anfangen, exilierte deutsche Poeten zu erschlagen!« – Joseph Roth schreibt in der ›Pariser Tageszeitung‹: »In allen Stücken Horváths, in jeder Zeile seiner Prosa, äussert sich ein unverkennbarer Hass gegen deutsche Spiessigkeit, die den deutschen Mord, nämlich das Dritte Reich geboren hat.«

(?). Juni: In einem undatierten Brief an Erika Mann berichtet Walter Mehring, daß »Freunde und solche, die der Verstorbene zu Lebzeiten nicht hat schmecken können«, »tiefer-schüttert zur Kondolenz« bei den Eltern Horváths im Hotel erscheinen (Hs M).

4. Juni: Hertha Pauli berichtet Csokor über die letzten Tage von Horváth in Paris und daß Robert Siodmak *Jugend ohne Gott* »in Hollywood zu verfilmen dachte und Ödön, der schon ein Affidavit für die USA besaß, dorthin empfehlen wollte. Auch ein Visum für Polen wollte er sich besorgen, um Dich dort zu besuchen und nachher über Gdingen nach den USA zu fahren, weil ja sein Buch auch schon in Polen angekommen war, so daß das Honorar dort zur Bezahlung des Schiffbillettes auf dem ›Bathory‹ verwendet werden konnte« (Cs 1,191 ff.).

. Lajos von Horváth schreibt aus Paris an Jolan von Hatvany über den Tod seines Bruders. In Amsterdam soll er »so heiter und glücklich gewesen sein wie noch nie. In der Brieftasche fand ich noch ein Couvert, das an Sie adressiert war, sicherlich wollte er noch einen Brief an Sie schreiben« (D b 144).

Der Beigeordnete des Bürgermeisters für den 17. Bezirk von Paris, Jules Henri Leclerc, Ritter der Ehrenlegion, unter-

zeichnet die von dem 38jährigen Angestellten Maurice Gon-
zard erstattete Anzeige über den Tod Horváths (Db 142 f.).

7. Juni: Um 15.30 Uhr treffen sich die Trauergäste, unter
ihnen die Eltern Horváths, sein Bruder Lajos, Wera Liessem,
Hertha Pauli, Alfred Neumann, Erwin Piscator, Joseph
Roth, Franz Werfel, Ludwig Ullmann, Alwin Kronacher,
Leo Mittler, Rudolf Leonhard, Hermann Kesten, Paul Fried-
länder und Alfred Wolfenstein, vor der Clinique Marmottan,
Paris 17, rue d'Armaillé, wo Horváth aufgebahrt ist. Der französische Historiker und Schriftsteller Jacques Mardaule und,
im Namen des ›Schutzverbandes Deutscher Schriftsteller‹,
Manfred Georg sprechen Abschiedsworte. In der Kirche
Saint-Ferdinand-des-Ternes findet die Einsegnung statt.
Dann setzt sich der Trauerzug in Bewegung. Walther Mehring, Armand Pierhal und Carl Zuckmayer gedenken Horváths am Grab im Friedhof von Saint-Ouen, »an der Periphe-
rie von Paris, dort wo sie in die Ferne hinausstrebt, zwischen
der Stadt und der Unendlichkeit, und wenn er es gewußt
hätte, er wäre mit diesem letzten Aufenthaltsort voll zufrie-
den gewesen«, schreibt die ›Pariser Tageszeitung‹ am 8. 6.

11. Juni: Die Exil-Zeitschrift ›Das Neue Tage-Buch‹ bringt
Nachrufe von Klaus Mann und Walther Mehring und das
Anfangskapitel aus *Ein Kind unserer Zeit*. In einer Notiz
heißt es, Horváth »konnte noch die Druckfahnen sehen«.

13. Juni: Der S.D.S. in Paris veranstaltet eine Gedächtnis-
feier. Nach Joseph Roth sprechen Manfred Georg, Paul
Friedländer und Hubertus Prinz von Löwenstein. Hertha
Pauli liest Csokors Brief aus Mikolow und den Abschnitt
Neue Wellen aus Horváths geplantem Roman *Adieu, Europa!*
Wera Liessem liest ein Kapitel aus *Ein Kind unserer Zeit*.

23. Juni: In der ›Neuen Weltbühne‹ erscheint unter der Überschrift *Am Grabe eines Dichters* ein Artikel von Rudolf Leon-

hard: »Horváth galt als katholischer Dichter; er war es; aber was für ein Problem für ihn, ein katholischer Dichter zu sein! Dieser Satz von ihm, der enthüllend wirkt, aufreissend; der in den Grabreden wiederkam und in den Reden der Trauerfeiern: ›Gott ist das Schrecklichste auf Erden‹, dieser Satz ist nicht von einem geschrieben worden, der einfach dadurch mit dem Leben fertig wird, dass er, im traditionellen Sinne katholisch ist. Der das geschrieben hat, ist kein ›Protestant‹, er ist mehr: ein Erschütter; ist, wenn ich das so nennen darf, ein katholischer Revolutionär.«

24. Juni: In ›Temps present‹ erscheint ein Artikel *Odon de Horvath* von Armand Pierhal, seinem französischen Übersetzer.

25. Juni: ›Das Neue Tage-Buch‹ berichtet: »Im Nachlaß Ödön von Horváths fanden sich, auf einen Briefumschlag gekritzelt, folgende Verse. ›Und die Leute werden sagen / In fernen blauen Tagen / wird es einmal recht / Was falsch ist und was echt / Was falsch ist, wird verkommen / Obwohl es heut regiert / Was echt ist, das soll kommen – / Obwohl es heut krepiert.‹«

29. Juni: In St. Germain-en-Laye schreibt Franz Werfel ein Vorwort zu Horváths *Kind unserer Zeit*, das nachträglich noch in die Erstausgabe des Verlags Allert de Lange eingefügt wird.

27. Juli: In der Präfektur des Bezirks Seine wird Horváths Todesurkunde ausgestellt (D b 142 f.).

9. September: In der ›Deutschen Zeitung Bohemia‹ ist der Spielplan des ›Deutschen Theaters‹ in Brünn für die Saison 1938/39 abgedruckt, in dem Horváth mit zwei Stücken, mit *Geschichten aus dem Wiener Wald* und *Eine Unbekannte aus der Seine,* vertreten ist.

17. September: ›Das Neue Tage-Buch‹ meldet, daß *Ein Kind unserer Zeit* »aus dem Nachlass Oedön von Horvaths [. . .] bei Allert de Lange, Amsterdam, herausgekommen« ist. Wie alle Bücher des Verlages erscheint auch Horváths Roman in einer broschierten Ausgabe und in Leinen gebunden; die Preise sind mit hfl. 2,25 und 2,80 angesetzt.

21. September: Thomas Mann schreibt in sein Tagebuch: »Nach dem Lunch im Stuhl, Horváths ›Ein Kind dieser Zeit‹ gelesen« (MT 2,292).

23. September: Die Reichsschrifttumskammer in Berlin ersucht das Einwohner-Meldeamt in München »um Angabe der neuen Anschrift des Ödön von Horvath [. . .] zuletzt wohnhaft: München, Maximilianstr. 15« (DC).

Oktober: In der Pariser Zeitschrift ›Das Buch‹ ist in einem Bericht über Horváths *Jugend ohne Gott* zu lesen: »Wir stellen hier unsere Kritik, die manche Einwände bringen könnte, zurück und ehren das Andenken an Oedön von Horvath, indem wir dieses Buch als den Versuch ansehen, dem Kampf einer Jugend gegen die Ideen der Wahrheit und Gerechtigkeit Ausdruck zu verleihen.« – Das Moskauer ›Wort‹ berichtet in seinem Heft 10 über die Gedächtnisfeier des SDS zu Ehren Horváths in Paris, »bei der sich Rudolf Leonhard, der französische Übersetzer Armand Pierhal, Manfred Georg, Hubertus Prinz zu Löwenstein und Paul Friedländer zu gemeinsamem Bekenntnis zusammenfanden und aus dem Werk des Dichters vorgelesen wurde«.

6. Oktober: Das Münchner Polizeipräsidium informiert die Reichsschrifttumskammer in Berlin: »Umseitig bezeichnete Person ist am 1. Juni 1938 in Paris verstorben, lt. Angabe des Vaters: Edmund Edler von Horvath, Ministerialrat, wohnt Schackstrasse 1/0« (DC).

12. November: In der ›Pariser Tageszeitung‹ erscheint die erste Rezension über »ein bemerkenswertes Buch im Verlag Allert de Lange, Amsterdam. Es heisst *Jugend ohne Gott* und nennt sich Roman. Aber es könnte auch heissen *Jugend im Diktaturstaat*, und dann wäre es eine Reportage. Man könnte es auch *Frühlingserwachen im Schülerlager* nennen, und dann wäre es das, was bei den Engländern und Amerikanern ›thriller‹ heisst, ein Sensationsbuch«.

18. November: Die von Rudolf Olden, dem Sekretär des P.E.N.-Clubs, aufgestellte Mitgliederliste nennt u. a. auch Ödön von Horváth.

8. Dezember: In Paris findet ein »Deutscher Theaterabend zu Ehren des Dichters Ödön von Horváth« statt. Im Salle Iena wird, inszeniert von Alwin Kronacher, *Glaube Liebe Hoffnung* aufgeführt mit Ilka Grüning, Maria Wagner, Leo Askenasi u. a.

10. Dezember: Die ›Pariser Tageszeitung‹ rezensiert den Horváth-Abend im Salle Iena. Horváth hat den kleinen Totentanz, »in dessen Gefolgschaft die Millionen von der Wiege zum Grabe taumeln [...], intensiv gesehen und Kronacher ihn mit vitaler Mathematik gestaltet«.

16. Dezember: In der Pariser Zeitschrift ›Die Zukunft‹ bespricht Hermann Linde unter der Überschrift *Deutsche Jugend – literarisch* Horváths beide Romane *Jugend ohne Gott* und *Ein Kind unserer Zeit*.

29. Dezember: Alfred Kantorowicz gedenkt in der ›Neuen Weltbühne‹ Horváths und rezensiert die Aufführung von *Glaube Liebe Hoffnung* im Salle Iena. »Nicht ohne Grund haben die Nazis den jungen, katholisierenden Dramatiker aus dem Lande gejagt; denn ihre Macht gedeiht nur in der Stickluft, die hier mit den Mitteln der Kunst denunziert wird.«

31. Dezember: Die *Liste des schädlichen und unerwünschten Schrifttums. Stand vom 31. Dezember 1938* führt auf Seite 61 Horváths Romane *Jugend ohne Gott* und Ein *Kind unserer Zeit* an.

Nachbemerkung

Fünfzig Jahre nach Horváths Tod lege ich diese Horváth-Chronik vor: das Konzentrat einer mehrjährigen intensiven Forschungsarbeit. Diese Chronik kann und will eine Biographie nicht ersetzen. Manches Detail ist hier verzeichnet, das im großen Zusammenhang einer biographischen Darstellung unerheblich erscheinen mag; manches mutmaßliche Datum, das im Rahmen einer Biographie Erwähnung finden könnte, mußte dagegen unerwähnt bleiben. Dem Leser und Benutzer wird sich mitunter die Frage aufdrängen, warum zugunsten eines auf den ersten Blick vielleicht unerheblich wirkenden Details auf die Erwähnung bedeutender historischer Ereignisse verzichtet wurde. Nun – die Antwort auf diese Frage liegt nahe: weil Thema dieser Chronik der Dichter ist und nicht *primär* seine Zeit. Dennoch werden Ereignisse dieser Zeit angeführt, sofern sie sich seinem Schaffen nachhaltig einprägten. Die Fülle der großen und kleinen Geschehnisse, Weltkrieg, Revolution, Inflation, Arbeitslosigkeit und bürgerkriegsähnliche Parteienkämpfe, Diktatur, Flucht und Exil, bildeten zweieinhalb Jahrzehnte lang den Hintergrund zu Horváths Alltag, beeinflußten und bestimmten sein Leben und Schaffen. Im Mittelpunkt steht gleichwohl der Protagonist und nicht der Hintergrund. – Es war weiterhin mein Bestreben, nur jene Daten und Vorkommnisse aus Horváths Leben aufzunehmen, die als gesichert gelten können. Wenn etwa Zeitgenossen Horváths eine Begegnung mit ihrem Freund ins Jahr 1934 oder 1935 datierten, so wurde zunächst versucht, aufgrund anderer Ereignisse den Zeitraum einzuengen. Erwies sich dies als nicht möglich, so wurde auf eine Erwähnung verzichtet.

Horváth hat kein Tagebuch geführt; die bisher aufgefundene und größtenteils noch unveröffentlichte Korrespondenz ist lückenhaft; noch konnte nicht jede mögliche Quelle erschlossen werden. Dennoch hoffe ich, daß diese Horváth-Chronik zur Beschäftigung mit Leben und Werk dieses Dichters anregt und die bereits vorliegenden Studien zu Leben und Werk sinnvoll ergänzt.

Allen, die zum Gelingen dieser Chronik beigetragen haben, sei herzlich gedankt, an erster Stelle meiner Frau Susanna, ohne deren Verständnis und Hilfe auch dieses Buch nicht hätte entstehen können. Freunden und Zeitgenossen Horváths sei für ihre Mitteilungen ebenso gedankt wie all denen, die durch ihre Auseinandersetzung mit Horváth und seinem Werk wesentlich zum Gelingen dieses Bandes beigetragen haben. Besonders danken möchte ich letztlich Frau Dr. Elisabeth Tworek-Müller aus Murnau, die mir ihre bis zum Frühjahr 1988 noch unveröffentlichten Funde und Forschungsergebnisse zur Verfügung stellte.

München, im März 1988   *Traugott Krischke*

Quellen und Hinweise

Sofern die Quellen nicht aus dem Text hervorgehen, wird auf sie durch folgende Abkürzungen (mit nachfolgender Band und Seitenzahl oder Ordnungsnummer) verwiesen:

Aufr	Ernst Josef Aufricht, *Erzähle, damit du dein Recht erweist*, Frankfurt/Main – Berlin 1966.
B	Bericht od. Brief.
Bech	Ulrich Becher, *Stammgast im Liliputanercafé*, in: Ödön von Horváth, *Stücke*, hg. v. Traugott Krischke, Reinbek bei Hamburg 1961, S. 419–428.
Col	Collection Mahler-Werfel, University of Pennsylvania, The Charles Patterson Van Pelt Lib., Philadelphia, Pennsylvania.
Cs 1	Franz Theodor Csokor, *Zeuge einer Zeit. Briefe aus dem Exil 1933–1950*, München – Wien 1964.
Cs 2	Franz Theodor Csokor, *Auf fremden Straßen*, München – Wien 1955.
Cz	Géza von Cziffra, *Kauf dir einen bunten Luftballon. Erinnerungen an Götter und Halbgötter*, München – Berlin 1975.
DC	Document Center Berlin.
D b	*Ödön von Horváth. Leben und Werk in Dokumenten und Bildern*, hg. v. Traugott Krischke u. Hans F. Prokop, Frankfurt/Main 1972.
D d	*Ödön von Horváth. Leben und Werk in Daten und Bildern*, hg. v. Traugott Krischke u. Hans F. Prokop, Frankfurt/Main 1977.
Dok	Dokument.
EdH	Dr. Dr. Edmund v. Horvath, *So starb der Friede. Unbekanntes über die Entstehung des Weltkrieges*, Berlin 1930.
Fahr	Lotte Fahr (Gespräch am 24. 6. 1978).
Fis	Ernst Fischer, *Der »Schutzverband deutscher Schriftsteller« 1909–1933*, Frankfurt/Main 1980.

G	Hans Gál (Briefe vom 22. 2., 29. 5. u. 18. 6. 1978).
Gross	Kurt R. Grossmann, *Ossietzky. Ein deutscher Patriot,* Frankfurt/Main 1973.
GW	Ödön von Horváth, *Gesammelte Werke* [in 15 Bänden], Frankfurt/Main 1983 ff.
Gün	Gisela Günther, *Die Rezeption des dramatischen Werkes von Ödön von Horváth von den Anfängen bis 1977,* Göttingen 1978.
HA	Ödön von Horváth-Archiv, Akademie der Künste, Berlin.
HB	Horváth Blätter, Göttingen 1983 f.
HF	Ödön von Horváth-Forschungsstelle, Thomas Sessler Verlag, Wien.
HP	Hertha Pauli (Brief vom 5. 6. 1956).
Hs M	Handschriftensammlung in der Münchner Stadtbibliothek.
Hs Marb	Handschriftensammlung im Deutschen Literaturarchiv/Schiller-Nationalmuseum, Marbach.
Hs W 1	Handschriftensammlung der Österreichischen Nationalbibliothek, Wien.
Hs W 2	Handschriftensammlung der Wiener Stadtbibliothek.
Jungk	Peter Stephan Jungk, *Franz Werfel. Eine Lebensgeschichte,* Frankfurt/Main 1987.
JvH	Jolan von Hatvany (Gespräch am 7. 10. 1978).
Kr	Jenö Krammer, *Ödön von Horváth. Leben und Werk aus ungarischer Sicht,* Wien 1969.
Kest	Hermann Kesten (Hg.), *Deutsche Literatur im Exil. Briefe europäischer Autoren 1933–1949,* Frankfurt/Main 1973.
Le	Wolfgang Lechner, *Mechanismen der Literaturrezeption in Österreich am Beispiel Ödön von Horváths,* Stuttgart 1978.
LvH	Lajos von Horváth (Gespräche am 13. 10. 1964 u. 27. 10. 1964).
Mac	Toni Mackeben (Brief vom 29. 8. 1978).
Mah	Alma Mahler-Werfel, *Mein Leben,* Frankfurt/Main 1960

Mat. GWW   *Materialien zu Ödön von Horváths »Geschichten aus dem Wiener Wald«,* hg. v. Traugott Krischke, Frankfurt/Main 1972.

Mat. KK   *Materialien zu Ödön von Horváths »Kasimir und Karoline«,* hg. v. Traugott Krischke, Frankfurt/Main 1973.

Mat. ÖvH   *Materialien zu Ödön von Horváth,* hg. v. Traugott Krischke, Frankfurt/Main 1970.

Mat. JoG   *Horváths »Jugend ohne Gott«,* hg. v. Traugott Krischke, Frankfurt/Main 1984.

MB   Thomas Mann, *Briefwechsel mit seinem Verleger Gottfried Bermann Fischer 1932–1955,* hg. v. Peter de Mendelssohn, Frankfurt/Main 1975.

MT 1   Thomas Mann, *Tagebücher 1933–1934,* hg. v. Peter de Mendelssohn, Frankfurt/Main 1977.

MT 2   Thomas Mann, *Tagebuch 1937–1939,* hg. v. Peter de Mendelssohn, Frankfurt/Main 1980.

MU   Meldeunterlagen im Meldeamt München.

Pauli   Hertha Pauli, *Der Riß der Zeit geht durch mein Herz. Ein Erlebnisbuch,* Wien–Hamburg 1970.

Pr   Privatbesitz.

Pero   Archiv des Pero Verlages, Wien.

Schr   Jürgen Schröder (Hg.), *Horváths Lehrerin von Regensburg. Der Fall Elly Maldaque,* Frankfurt/Main 1982.

Ull   Archiv des Ullstein Verlages, Berlin.

WA   Ödön von Horváth, *Gesammelte Werke* [in 8 Bänden]. Werkausgabe der edition suhrkamp, Frankfurt/Main 1972.

War   Jutta Wardetzky, *Theaterpolitik im faschistischen Deutschland. Studien und Dokumente,* Berlin/DDR 1983.

WB   Die Weltbühne. Wochenschrift für Politik Kunst Wirtschaft, hg. v. Siegfried Jacobsohn (ab 1927: Begründet v. Siegfried Jacobsohn. Unter Mitarbeit von Kurt Tucholsky, geleitet von Carl v. Ossietzky), Reprint Königstein/Ts. 1978.

Zuck   Carl Zuckmayer, *Als wär's ein Stück von mir. Horen der Freundschaft,* Frankfurt/Main 1969.

Außer den genannten Texten wurden noch folgende Quellen herangezogen:

Klaus Amann, *P.E.N. Politik, Emigration, Nationalsozialismus. Ein österreichischer Schriftstellerclub*, Wien–Köln–Graz 1984.

Friedemann Berger, *Thema Stil Gestalt 1917–1932. 15 Jahre Literatur und Kunst im Spiegel eines Verlages. Katalog anläßlich des 75jährigen Bestehens des Gustav Kiepenheuer Verlages*, Leipzig–Weimar 1984.

Werner Berthold u. a., *Der deutsche PEN-Club im Exil 1933–1948*, Frankfurt/Main 1980.

Christian Brandstätter u. a., *Stadtchronik Wien. 2000 Jahre in Daten, Dokumenten und Bildern*, Wien–München 1986.

Hildegard Brenner, *Die Kunstpolitik des Nationalsozialismus*, Reinbek bei Hamburg 1963.

Karl Buchheim, *Die Weimarer Republik. Das Deutsche Reich ohne Kaiser*, München 1977.

Chronik des 20. Jahrhunderts, Braunschweig 1982.

Droste Geschichts-Kalendarium. Politik, Wirtschaft, Kultur, Bd. 1: *Die Weimarer Republik*; Bd. 2: *Das Dritte Reich 1933–1939*, Düsseldorf 1982.

Herbert Gamper, *Horváths komplexe Textur. Dargestellt an frühen Stücken*, Zürich 1987.

Jo Hauberg u. a. (Hg.), *Der Malik-Verlag 1916–1947. Chronik eines Verlages*, Kiel 1986.

Gerhard Hellwig, *Daten deutscher Geschichte. Politik und Kultur in Deutschland, Österreich und in der Schweiz*, München 1977.

Reinhold Keiner, *Thea von Harbou und der deutsche Film bis 1933*, Hildesheim–Zürich–New York 1984.

Walter Kleindel, *Die Chronik Österreichs*, Dortmund ²1985.

Traugott Krischke, *Ödön von Horváth. Kind seiner Zeit*, München 1980.

Wera Liessem, *Erinnerungen*, in: *Mat. ÖvH*, S. 82–84.

Wolfgang Michalko u. Gottfried Niedhart (Hg.), *Die ungeliebte Republik. Dokumentation zur Innen- und Außenpolitik Weimars 1918–1933*, München ²1981.

Gerhard Renner, *Österreichische Schriftsteller und der Nationalsozialismus (1933–1940). Der »Bund deutscher Schriftsteller Öster-*

reichs« und der Aufbau der Reichsschrifttumskammer in der »Ostmark«, Frankfurt/Main 1986.

Erich Scheithauer u. a., *Geschichte Österreichs in Stichworten*, Teil IV: *Vom Ständestaat zum Staatsvertrag von 1934 bis 1955*, Wien 1984.

Gustl Schneider-Emhardt, *Erinnerungen an Ödön von Horváths Jugendzeit*, in: HB 1, S. 63–81.

Dietmar Schwarz, *Die Rezeption Ödön von Horváths in Frankreich (1938–1982)*, München (Masch. vervielf.) 1984.

Wilhelm Treue (Hg.), *Deutschland in der Weltwirtschaftskrise in Augenzeugenberichten*, Düsseldorf 1967.

Elisabeth Tworek-Müller, *Modell Murnau. Die Darstellung des Kleinbürgertums in den Stücken »Italienische Nacht« und »Zur schönen Aussicht« von Ödön von Horváth*, München (unveröffentl. Typoskr.) 1980.

Elisabeth Tworek-Müller, *Provinz ist überall. Zum Vorbildcharakter des bayerischen Oberlandes in der kleinen Prosa Horváths*, in: *Horváths Prosa*, hg. v. Traugott Krischke, Frankfurt/Main 1988.

Kraft Wetzel u. Peter Hagemann, *Zensur – Verbotene deutsche Filme 1933–1945*, Berlin ²1982.

Joseph Wulf, *Theater und Film im Dritten Reich. Eine Dokumentation*, Gütersloh 1964.

Joseph Wulf, *Literatur und Dichtung im Dritten Reich. Eine Dokumentation*, Frankfurt/Main–Berlin–Wien 1983.

Ödön von Horváth
Sein Werk im Suhrkamp Verlag

Ödön von Horváth
Sein Werk im Suhrkamp Verlag

Sechsunddreißig Stunden. Die Geschichte vom Fräulein Pollinger.
Roman. Edition und Nachwort von Traugott Krischke. BS 630

18/2/11.87

suhrkamp taschenbücher materialien

st 2005 Ödön von Horváth
Herausgegeben von Traugott Krischke

Ödön von Horváth zählt heute zu den Klassikern der Moderne. Der Band versammelt die wichtigsten neuen Fakten und Erkenntnisse über Person und Werk. Besondere Akzente liegen dabei auf der Prosa Horváths, auf der Frage nach seiner thematischen Beeinflussung, auf Spätwerk und Rezeption: Probleme, die erst in letzter Zeit verstärkt ins Blickfeld getreten sind, Fragestellungen, die das Horváth-Bild wieder aus vorschnellen Festlegungen gelöst haben. Ein ausführlicher Anhang mit der auf den letzten Stand gebrachten Zusammenstellung »Daten und Dokumente« sowie einer ausgewählten Bibliographie unter Berücksichtigung der wichtigsten Sekundärpublikationen bis zum Sommer 1981 schließen den von Traugott Krischke edierten Band ab.

st 2014 Horváths »Lehrerin von Regensburg.
Der Fall Elly Maldaque«
Dargestellt und dokumentiert von
Jürgen Schröder

Am 12. August 1930 erschien in der ›Weltbühne‹ ein Artikel über «Die Tragödie der Lehrerin Maldaque«: die Geschichte einer Regensburger Lehrerin, die nach 17jährigem Schuldienst mit der Begründung, »wirkendes Mitglied der KPD« zu sein, zum 1. Juli 1930 fristlos und ohne Versorgungsansprüche entlassen wurde und am 20. Juli, nach einem Nervenzusammenbruch, in der Heil- und Pflegeanstalt Karthaus/Prüll starb. Erst neuerdings wissen wir, daß es dieser aufsehenerregende und noch heute aktuelle Fall war, der Horváths Dramenfragmenneinzelnen Artikeln und schließlich Anmerkungen mit Literaturhinweisen geben dem Leser alle notwendigen Informationen.

st 2019 Horváths »Geschichten
aus dem Wiener Wald«
Herausgegeben von Traugott Krischke

Das »bitterste, das böseste, das bitterböseste Stück neuerer
Literatur« nannte Kurt Pinthus Horváths *Geschichten aus dem
Wiener Wald*, das seinem Autor den Kleist-Preis eintrug und
das die ›New York Times‹ zur Beurteilung kommen ließ,
hier schreibe einer der besten zentraleuropäischen Dramatiker. – Der Materialienband versammelt im wesentlichen Ori-
ginalbeiträge namhafter Wissenschaftler. Ein Anhang mit
Texten zum Thema des ›Mittelstandes‹ spiegelt den Um-
bruch gesellschaftlicher Strukturen und die damit verbun-
dene Problematik, mit der Horváth sich in seinem ›Volksstück‹ auseinandersetzt.

st 2027 Horváths »Jugend ohne Gott«
Herausgegeben von Traugott Krischke

Sein Roman *Jugend ohne Gott*, 1937 im Exil-Verlag Allert de
Lange in Amsterdam erschienen, wurde unmittelbar danach
in verschiedene Sprachen übersetzt und machte Horváth in-
ternational bekannt. Hermann Hesse attestierte dem Werk,
es sei ›großartig und schneide quer durch den moralischen
Weltzustand von heute‹. – Der Materialienband gibt einen
Überblick über den Roman als Zeugnis deutscher Exillitera-
tur ebenso wie über seine sprachlichen Strukturen, seine Motive, seine sozial- und ideologiekritischen Implikationen. Ein
didaktisches Modell, Dokumente zum historischen Hintergrund und eine Bibliographie vervollständigen den Band.

st 2092 Horváths Stücke
Herausgegeben von Traugott Krischke

Horváths Dramatik hat Bühnenskandale ebenso provoziert
wie begeisterte Zustimmung; als Dramatiker vor allem hat
er ein Werk hinterlassen, das sich seiner Zeit ganz aussetzte
und seine unmittelbare Epoche doch überdauerte. – Der
neue Materialienband versammelt Arbeiten über wesentliche
Aspekte von Horváths Dramatik: Horváths Umwege in die
Emigration, Horváth und Freud, literarische Vorbilder, Kino
und Trivialliteratur, Lied und Musik in den Volksstücken,
Horváths Stücke unter literaturdidaktischem Aspekt u. a.

st 2094 Horváths Prosa
Herausgegeben von Traugott Krischke

Nachdem sie zunächst – zu Unrecht – im Schatten seiner
Stücke stand, zählt Horváths Prosa seit Jahren zum literarischen Kanon, wird sie auch an Schulen als klarsichtige Analyse ihrer Zeit gelesen: Der Roman *Jugend ohne Gott* ebenso
wie die grimmige Typologie des *Ewigen Spießers*. – Der neue
Materialienband untersucht neben den beiden Romanen die
Sportmärchen und das autobiographisch angelegte *Adieu, Europa*: die politisch-gesellschaftlichen und historischen Hinter-
gründe des Prosa-Komplexes, seine autobiographischen Im-
plemente, Horváths spezifischen Prosastil. Er enthält darüber hinaus einen Beitrag zur Rezeptionsgeschichte in den
sechziger und siebziger Jahren, ein Unterrichtsmodell und
bibliographische Angaben.

st 2064 Brechts »Herr Puntila und
sein Knecht Matti«
Herausgegeben von Hans Peter Neureuter

Brechts Volksstück *Herr Puntila und sein Knecht Matti* gehört
zu seinen meistgespielten Stücken. In mehr als 30 Sprachen
übersetzt, ist es bis in die entferntesten Gegenden der Welt
gedrungen. Der Materialienband dokumentiert zunächst die
›verwickelte‹, meist nur als Legende bekannte Entstehungs-
geschichte des Stücks. Ein weiterer Schwerpunkt des Bandes
liegt in der Dokumentation insbesondere der beiden Berliner
Inszenierungen von 1949 und 1952, die Brecht als Modelle
verstand und sorgfältig protokollieren ließ. Die großzügige
Auswahl aus diesen aufschlußreichen Notaten wird ergänzt
durch Kritiken, Kernpassagen der wissenschaftlichen Literatur und durch ein Aufführungs- und Literaturverzeichnis.

st 2065 Hermann Broch
Herausgegeben von Paul Michael Lützeler

Spät erst erkannte man auch in der Literaturgeschichtsschrei-
bung die zentrale Rolle, die Broch im Bereich des modernen
Romans gespielt hat. – Anlage und Struktur des zum 100.
Geburtstag Brochs vorgelegten Sammelbandes mit neuen
Aufsätzen wurden nicht durch die momentane Aktualität be-
stimmter Werkteile Brochs beeinflußt. Unabhängig von Umfang, Intention und Rezeption wurde jedem dichterischen
Werk Brochs ein Aufsatz gewidmet, wurde zu den verschiedenen theoretischen und kritischen Arbeiten des Autors von
Fachwissenschaftlern jeweils eine Studie beigesteuert. Ver-
dienst und Schwäche, Aktualität und Zeitverhaftung, Relati-
vität und Gültigkeit von Brochs Arbeiten werden so auf kri-
tische Weise dargelegt.

st 2067 Apokalypse
Weltuntergangsvisionen in der Literatur
des 20. Jahrhunderts
Herausgegeben von Gunter E. Grimm,
Werner Faulstich und Peter Kuon

Die Kassandrarufe haben in letzter Zeit in erschreckendem
Maße zugenommen. Gegenüber dem schleichenden Tod von
innen, nach verantwortungslosem Umgang mit der Natur,
ist die Vision des plötzlich einbrechenden Atomtods fast die
harmlosere Variante. Durch die internationale Aufrüstung
stellt er sich allerdings als die wahrscheinlichere Spielart des
Weltuntergangs dar. – Die hier versammelten Texte gestalten
das Paradigma der ›Apokalypse‹ vornehmlich unter den Ka-
tegorien der Totalität, Irreversibilität und Entropie. Englische und amerikanische Texte sind ebenso vertreten wie französische, italienische und lateinamerikanische.

st 2069 Landschaft
Herausgegeben von Manfred Smuda

Unübersehbar sind die Zeichen unseres gestörten Verhältnis-
ses zur Natur. Das ökologische Gleichgewicht, in dem die
Natur sich selbst regeneriert, ist durch den technologischen
Fortschritt ins Wanken gebracht, die Materie-Energiebasis
nähert sich bedrohlich dem Zustand der Erschöpfung. Die
Bewußtseinsindustrie sucht die Realitäten durch die Produk-
tion idyllischer Naturbilder in den Massenmedien zu kom-
pensieren. Der fachübergreifenden Diskussion, die in diesem
Band dokumentiert ist, ging es um den Zusammenhang des
Landschaftsbegriffs aus systematischer und historischer
Sicht.

st 2072 Dramatik der DDR
Herausgegeben von Ulrich Profitlich

«In unserem Land gibt einem ein Theater die Möglichkeit, 500 oder 800 Menschen in einem Raum zusammen zu haben, die gleichzeitig und innerhalb desselben Raums auf das reagieren, was auf der Bühne geschieht. Die Wirkung des Theaters hier beruht auf der Abwesenheit anderer Möglichkeiten, den Leuten etwas mitzuteilen.» – Die in dieser Äußerung Heiner Müllers erwähnten «Funktionen» bilden den Bezugspunkt für die Beschreibungen dramatischer Strukturen in diesem Materialienbuch. Der erste Teil enthält Essays, die die Geschichte der DDR-Dramatik phasenweise nachzeichnen. Der zweite Teil ist systematischen Längsschnitten gewidmet. – Eine umfangreiche Bibliographie beschließt den Band.

st 2074 Brechts Theorie des Theaters
Herausgegeben von Werner Hecht

Wie wenige Autoren unseres Jahrhunderts hat Brecht die Theaterpraxis beeinflußt, hat zu Nachfolge und Kritik aufgefordert; wie wenige andere Autoren schien er lange die Aufführung seiner eigenen Dramen festzulegen, indem er mit einzelnen – zum Teil präzis dokumentierten – Musterinszenierungen nicht nur einen Rahmen vorgab, sondern sie bis ins Detail prädeterminierte. – Der Materialienband gibt die theoretische Ergänzung der stm-Bände 2054 (Brechts *Kaukasischer Kreidekreis*) und 2062 (Brechts *Theaterarbeit*). Sammelten diese an *einem* Beispiel Aussagen und Dokumente über Brechts Bühnenarbeit an seinen Stücken, vermittelt dieser eine Gesamtanschauung von Brechts dramaturgischer Konzeption.

st 2076 Arbeitsbuch Thomas Brasch
Herausgegeben von Margarete Häßel und
Richard Weber

Die Vielfalt im Werk des Dramatikers, Lyrikers, Prosaisten und Filmemachers Thomas Brasch, die einem – nicht nur wissenschaftlichen – Spezialistentum zuwiderläuft, mag Grund dafür sein, daß es bislang keine zusammenfassende Darstellung des Werks gibt, vielleicht aber auch die Tatsache, daß vieles dem Titel nach zwar bekannt, aber unzugänglich war. – Der von Margarete Häßel und Richard Weber herausgegebene Materialienband dokumentiert eine von vielen Brüchen gekennzeichnete politisch-ästhetische Arbeit, deren Kontinuität in der Hoffnung liegt, «daß die Trennung, hier Kunst, dort Engagement, hier der politische Künstler, dort der sensible Dichter, immer mehr auf die beste Weise verwahrlosen wird».

st 2077 Über das Klassische
Herausgegeben von Rudolf Bockholdt

Nicht auf der Ebene des diffusen Konsenses, aber auch nicht verbissen in den Höhen der Abstraktion umspielt der vorliegende Band die Tücken des Begriffs ›Klassik‹ und seiner Usurpationen. Theologische Wurzeln des Klassiker-Begriffs, die Klassizität Wilhelm Buschs, die Frage nach einer byzantinischen Klassik geraten dabei ebenso in den Blick wie die Bereiche der bildenden Kunst und der Musik: Was ist klassisch an der Wiener Klassik? In der je eigenartigen Sicht verschiedener Disziplinen wird die Vielfalt des Gegenstandes, zugleich aber auch die Tektonik des Begriffs in überraschender Form deutlich.

st 2079 Wolfgang Koeppen
Herausgegeben von Eckart Oehlenschläger

Vor allem sein Romanwerk der fünfziger Jahre, aber auch, daß er sich eine leichtläufige Fortsetzung versagte, hat Koeppen den Rang des modernen Klassikers eingetragen. Doch verkürzt jede Beschränkung auf die großen Romane sein Lebenswerk um wesentliche Bereiche. – Der vorliegende Band verfolgt Koeppens literarische Entwicklung, spiegelt die außergewöhnliche Bandbreite seiner Themen ebenso wie die Vielfalt seiner stilistischen Verfahrensweisen. Der Band setzt mit neuen Texten Akzente auf Fragen der methodologischen Orientierung und theoretischen Fundierung, leistet eine schärfere Analyse der zentralen thematisch-strukturellen Befunde und bemüht sich vor allem auch um die bisher vernachlässigten Seiten des Gesamtwerks.

st 2082 Friedrich Hölderlin
Studien von Wolfgang Binder
Herausgegeben von Elisabeth Binder und
Klaus Weimar

Unter den Autoren der deutschen Klassik ist Hölderlin neben Kleist der beunruhigendste geblieben – Herausforderung, auch für die Gegenwart. Ein breiter Strom exegetischer Literatur, die Jahrzehnte währende Auseinandersetzung um nicht eine, sondern mehrere historisch-kritische Editionen, der Streit um sein ›Jakobinertum‹ – Facetten des einen Interesses, das in Hölderlins Sache selbst nach annähernd 200 Jahren noch die unsere erkennt. – Unter den Hölderlin-Interpreten war Wolfgang Binder einer der herausragenden. Der vorliegende Band versammelt seine wichtigsten Studien zu Hölderlin. Obwohl zu verschiedenen Anlässen geschrieben, zeigen sie ein Gesamtbild der Person Hölderlins und seines Werkes.

st 2083 Paul Celan
Herausgegeben von Werner Hamacher und
Winfried Menninghaus

Seit etwa 20 Jahren ist das Werk Paul Celans ein Fokus literaturwissenschaftlicher Auseinandersetzung, innerhalb der deutschsprachigen Literatur seit dem Zweiten Weltkrieg mit einigem Abstand der bedeutendste. Statt sich durch die Flut der Publikationen zu erschöpfen, hat dieses Interesse an einer unerhört schwierigen Dichtung in den letzten Jahren noch zugenommen und an Internationalität gewonnen. – Der vorliegende Band dokumentiert einige der fortgeschrittenen Markierungspunkte der neueren Celan-Interpretation. In einem vergleichenden Teil bietet er thematische Studien. In drei weiteren Abteilungen versammelt er neben ausgewählten Einzelinterpretationen und biographischen Erinnerungstexten auch poetologisch signifikante Briefe von Paul Celan selbst.

st 2088 Deutsche Lyrik nach 1945
Herausgegeben von Dieter Breuer

Ebensowenig wie zu anderen entscheidenden Daten der deutschen Geschichte – 1871, 1918 oder 1933 – geistig-literarische Entwicklungen zu Ende gebracht waren, kann das Jahr 1945 in der Geschichte der deutschen Lyrik des 20. Jahrhunderts als Epocheneinschnitt gelten. Erst Mitte der fünfziger Jahre, mit dem Tod Benns, Brechts und Bechers, kommt die seit 1880/1890 sich entfaltende Eigentradition der Moderne an ihr Ende. – Die in diesem Band gesammelten Studien zeigen exemplarisch die Auseinandersetzung zeitgenössischer Lyrik mit den Traditionen der Moderne; sie zielen nicht auf Vollständigkeit der Namen und Richtungen, wohl aber – in Überblick und Einzelinterpretation - auf den Versuch einer literaturhistorisch überzeugenden Reihenbildung.

st 2090 Brochs theoretisches Werk
Herausgegeben von Paul Michael Lützeler
und Michael Kessler

Der Tod der Moderne am Ende des bürgerlichen Zeitalters, der Zusammenbruch einer totalisierenden Vernunft, welche das gesellschaftliche Leben organisierte, der Prozeß des zunehmenden Sinnverlusts im Stadium der Postmoderne – all diese Zerstörungs- und Auflösungssymptome, wie sie gerade heute diagnostiziert und analysiert werden, deuten sich im Werk Hermann Brochs bereits an. – Der Materialienband ist ein erster Versuch, den Umriß von Brochs vielseitigen und nach wie vor aktuellen Theorien durch wissenschaftliche Studien deutlich zu machen: den Zusammenhang von Poetologie und Kulturtheorie ebenso wie seine Auffassung des Mythos oder seine Vision einer Demokratie des ›Dritten Weges‹.

st 2091 Diskurstheorien und Literatur-
wissenschaft
Herausgegeben von Jürgen Fohrmann und
Harro Müller

«Diskurs – die massenhaft gewordene und modische Verwendung des Begriffs, vor allem unter Literaturwissenschaftlern, deutet zwar aufs Bestehen eines epistemologischen Bedürfnisses, dem er abzuhelfen bestimmt ist, reicht aber nicht aus zur Entkräftung des Einwandes, die Semantik seines Gebrauchs sei so unbestimmt, daß sein Funktionieren nicht gesichert ist.« – Der vorliegende Band skizziert historisch die Phasen, in denen sich die Problematisierung von Sinn und Sinnverstehen bis in unsere Zeit entwickelt hat, er untersucht die Quellen und unterschiedlichen Nuancierungen des Begriffs ›Diskurs‹, er prüft in Einzelanalysen von Werken und Themen kritisch seine Tragfähigkeit für die Interpretation literarischer Texte.

st 2095 Brochs »Tod des Vergil«
Herausgegeben von Paul Michael Lützeler

«Brochs *Vergil* ist eines der ungewöhnlichsten und gründlich-
sten Experimente, das je mit dem flexiblen Medium des Romans unternommen wurde.« (Thomas Mann) Das eigentliche Thema des Romans ist – wie sein Titel schon andeutet –
das des Todes, der Vergänglichkeit, der Grenze von Leben
und Tod, von Ausdrückbarem und nur Ahnbarem, des Zwi-
schenbereichs von Diesseits und Jenseits. Bei seinem Versuch, die Grenzen des modernen Romans zu überschreiten,
schuf Broch eine originale Form des ›lyrischen Romans‹, ein
Werk, das man mit Fug der Postmoderne zuzählen kann. –
Der Materialienband dokumentiert und analysiert Entstehung und Wesensart des Romans anhand von Fassungen und
Briefen sowie in einer ausführlichen Einleitung.

st 2099 Einladung, Hermann Lenz zu lesen
Herausgegeben von Rainer Moritz

«Ich bekam vom Lesen ein Gefühl, als ob nun endlich alle
Vermißten zu Hause wären. Wenn zwischendurch die nächtli-
che Stille wieder mit Bedeutungen drohte, las ich einfach
genauer, Wort für Wort, und die Bedeutungen vergingen;
das Buch lenkte mich nicht ab von ihnen, sondern es stärkte
mich gegen sie; kaum jemals hatte ich mich so geborgen
gefühlt.« (Peter Handke) – Der vorliegende Band versammelt mit den zwischen 1963 und 1986 zumeist in Zeitschrif-
ten und Zeitungen zuerst erschienenen Beiträgen die mar-
kantesten Hinweise auf Hermann Lenz; sehr unterschiedlich
argumentierend, laden sie ein zur Lektüre eines imposanten
literarischen Œuvres.